小泉進次郎「先手を取る」極意

向谷匡史

はじめに

小泉進次郎の力の源泉は、二つある。

まず第一は、有権者が投じる「一票」だ。政策がどんなに素晴らしくても、政治家は当選しなければ、ただの人に過ぎない。だから選挙区地元で支持されること――これが大前提であり、進次郎は横須賀市を中心とする選挙区・神奈川十一区において圧倒的な強さを誇る。次いで、選挙区以外で広く支持されていること。進次郎が地方遊説に行けば婦人層から〝黄色い声〟が飛ぶ。「人寄せパンダ」と自任するように、所属する自民党にとって絶大な集票マシーンであるため、党内で一目も二目も置かれる。自分の意見を強く主張したり、身内批判をしても、それが許されるだけでなく、重要ポストに抜擢もされる。

この二つが、「首相にしたいナンバーワン」とされる進次郎の力の源泉だが、これは政治家に限らず、組織に生きるすべての人に共通することだ。

ビジネスパーソンであれば、まず地元選挙区に相当する「会社」で支持されること。次いで、取り引き先など人間関係において広く評価され、人気があること。この二つを兼ね備えたビジネスパーソンだけが、出世の階段を駆け上がっていく。どんな立派なスキルを持っていようとも、職場で嫌われ、鼻つまみになったのでは、出世どころか、足を引っ張られ、蹴落とされてしまう。

となれば、小泉進次郎を俎上《そじょう》に乗せ、その言動を仔細に分析すれば、私たちがそれぞれ所属する組織における処し方がわかるのではないか――それが本書を執筆した動機である。結論から言えば、進次郎の処し方には、「人間関係」のノウハウがぎっしりと詰まっている。爽やかな好青年で、会った相手を必ず「笑顔」にさせるなど、その人格は素晴らしいものがある。だが、権謀術数渦巻く政界で己の信念を貫き、権力の階段を上っていくには、「好青年」であるだけでは不可能だ。

人間関係において計算は当然ある。戦略も、戦術もある。年長者を立てもすれば、一転、舌鋒鋭く批判もしてみせる。さらに、「小泉純一郎元首相の次男」という看板は、親の七光りどころか、二十八歳の初出馬において世襲批判の槍玉に上げられ、ペットボトルを投げつけられるほどの逆風にさらされてもいる。それを乗り越えて初当選し、国民的人気を勝ち取っていく。戦略なくして成し得ることではない。

その進次郎の戦略とは、すべてにおいて「先手」を取るということだ。「先んずれば制する」とは、古来より兵法の要をなすものだが、これは人間関係においても言える。私たちが戦場とする社会は、まさに人間関係をめぐる戦いであり、「先手」こそ勝利を手中にする王道なのである。

私はヤクザからホスト、ホステス、さらに仏教世界まで、「人間関係」をテーマに多くの著作がある。その視点から、小泉進次郎の足跡をたどりつつ、言動と戦略、そして人間性までを分析し、そのノウハウを人生において活かす具体的な「実戦の書」としてまとめた。本書、読者諸賢の「人間関係術」において、多くの気づきがあるものと自負する次第だ。

向谷匡史

目次

第2章 共感を呼び込む演出力

第3章 可愛がられる謙虚力

第4章 一目置かれる振る舞い力

第5章 信念を貫く突破力

第1章

心に刺さる話す力

先手1

「最初の一言《いちごん》」に全神経を集中する。関心を引きつける「つかみ」は、万言をもしのぐ。

「どういう話をすれば、人が聞いてくれるか」

私たちはこう考えて、話の内容に頭を絞る。

だから、誰も聞いてくれない。

小泉進次郎はちがう。「どういう切り出し方をすれば、聴衆の関心を引きつけることができるか」――と先手を取る。

「いい演説だったな」

という評価は、聞き終わったあとになされるもので、どんなに素晴らしい内容であろうとも、聞いてもらえなければ、黙って突っ立っているのと同じなのだ。

では、進次郎はどういう切り出し方をするか。

こんな例はどうか。

初当選した翌年の二〇一〇年四月十七日、慶應義塾大学で開催された「日本論語研究会」に講師として招かれたとき、進次郎はこう切り出した。

「数ある講師のなかでも、最も孔子について知らない私です」

「講師」と「孔子」を引っ掛けたダジャレになっているのはご愛敬で、

「あなた方は論語を研究している専門家で、私など足元にもおよばない」

ということを進次郎は言外にメッセージし、自分を下に置くことで出席者たちの自尊心をくすぐってみせたのだ。

（おっ、なかなか謙虚じゃないか）

と、悪い気はしなかったはずだし、好感をいだけば「で、何を話すの？」――と〝聞く耳〟を持つ。進次郎はこの人間心理を衝いて、さらに言葉を重ねる。

「慶應大学に試験で通ったことはないけれど、歩いて通るぐらいのことはできるだろうと思って、今日、中を通ってきてとてもうれしかった」

進次郎は関東学院大学の卒業で、偏差値的に慶応のほうが難関であるだけでなく、世評においても名門とされる。そこを意識して、「歩いて通れる」「うれしかった」と笑顔でくすぐるのだ。

これと同じようなことを、この年の十月、学習院大学の学園祭でもしゃべっている。

「学習院というところは、僕は受験できませんでしたね。そんな立派な大学に、大人になって講演会で入ることができました。恐れ多いですね」

ここでも自分を下に置き、笑いを取り、なごやかな雰囲気をつくり出している。その場の思いつきに見せつつ、〝偏差値の高い学生〟の心をくすぐる手法として準備した語りかけであることがわかるだろう。

慶応ではさらに、

「今日ここに来る前に、何か論語の本を読みたいなと思って、書店でこれを買ったのです」

と言って本を高く掲げ、

「本のタイトルは『高校生が感動した「論語」』、そしてこの著者が慶應高校で人気ナンバーワンの佐久協先生で、すでに発行部数が十万部突破というのですよ」

ここまで言われて、気をよくしない人はいないだろう。

ナメられまいとして、

「そもそも論語について、私は一家言ありまして」

と、にわか仕込みで張り合っていたらどうなるか。

「慶応もいい大学ですけど、私が留学したコロンビア大学は」

と自慢したらどうなるか。

「論語に関する本でしたら」

と他大学——それも、慶応のライバルである早稲田、あるいは東京大学の教授が書いた本を勧めたらどうなるか。

反発を招くのは人間心理としてごく自然なことで、以後、何をしゃべっても意地悪く受け取られる。素直に聞いてくれないということにおいて、これもまた〝聞く耳を持たない〟ということになる。

「だけど、進次郎にそこまでの計算があったのかな」

と、彼の言動を素直に受け取るようでは人物眼が甘い。「将来の総理候補」として期待される進次郎に、もしそこまでの計算がなかったとしたら、むしろそのことのほうが問題だろう。

二〇一二年十二月三日、衆議院総選挙で北海道九区から立候補する堀井学氏の応援演説に駆けつけた進次郎は、苫小牧の聴衆を前に、「みなさんが毎日当たり前に食べているものは、当たり前じゃない。ほかの地域の人たちには、並んでも食べたいもんなんです」と農・海産物の素晴らしさを誉め称え、これをさらに新しい発想で活かしていくのが堀井候補だと話を展開していく。

地元を誉め、候補者に関心を引き寄せる手法は、角栄の〝お家芸〟だ。角栄は〝新潟自慢〟をして、選挙民の心をくすぐった。

「どうですか、東京あたりのエリート・サラリーマンには、土地や家がない。みな、ヒステリィ気味なんです。大学出のエリートたちにアンケートをとると、田一反、畑一反が欲しい、それを持つことが理想だと云っている。

しかしッ、我々はそれを持っている。無い人は農協から五百万円も借りれば、いますぐにでも手に入る。土地が手に入ると、勤労の意欲も出る。国にも税収が増える。ところが、社会主義国は私有を認めないねェ、土地からの税収は取れないし、労働者も勤労の意欲がわかず、国は発展しないッ」

機微をくすぐる進次郎の〝話す力〟は、角栄に通じる非凡なものがあり、だからこそ「平成の角栄」とも称されるのだ。

先手2

万端の準備を整えてなお、構えを解かない。敵は虎視眈々と隙を狙っている。

「この男、やるな」

と、進次郎の評価を一気に高めたのが、初当選から八カ月後、二〇一〇年四月九日の国会討論だ。

民主党政権の時代で、自民党は野党。普天間基地移設について「最低でも県外」とした公約が頓挫し、国民注視のなかで国会討論は行われた。進次郎は、父・純一郎の七光りで当選した〝二世議員〟で、しかも弱冠二十八歳。人気の一方、ハンサムボーイであることが逆作用して、「どれほどの能力か、お手並み拝見」と冷ややかな視線もあった。

「小泉純一郎君！」

議長が指名してから、

「いや、これは失礼、小泉進次郎君」

と、すぐに言い直した。

議長は単純に言い間違えただけだが、二世議員にとって、これほどの嫌味はあるまい。出席した代議士たちから失笑が漏れるのは当然だったろう。ところが、進次郎の次の一言で、ガラリと評価が変わる。

進次郎はこう言ったのだ。

「早速に緊張を解いてくださってありがとうございます」

ムッとするでもなく、ニヤついた笑いでごまかすわけでもなく、さらりと切り返して見せた。この一言《いちごん》に「この男、単なる世襲議員じゃないな」——と、政界関係者はもちろん、メディアは見直すことになる。

そして、このときの討論では、

「最低でも県外と言ったことはウソではないか」

と、民主党の北沢俊美防衛大臣に舌鋒鋭く迫り、追い込まれた北沢大臣は、

「最低でも県外と言ったからウソとは言えない。なぜならば努力しているのですから」

と苦しい答弁をしている。

クレバーな切り返しと、それに続く追求の鋭さを目の当たりにして、議員たちは進次郎が容易ならざる新人議員であることを悟ったことだろう。

もう一例、紹介しておこう。

同年十月二十七日の予算委員会でのことだ。当時、政権与党の民主党は事業仕分けで国民の喝采を浴びて、蓮舫行政刷新担当大臣が民主党の一番人気。質問に立った進次郎もまた、注目度ナンバーワンの新人議員。注目の二人が激突するとあってメディアも注目した。

質問に立った進次郎が攻める。

「自分たちの（給与）一割さえ切れない。これで公務員のみなさんが本気で改革に協力しようと思っていると思いますか？」

これに対して蓮舫大臣は、

「小泉さんが人気あるのが、非常によくわかるような的確なご質問をいただきました」

皮肉で受け流しておいて、

「ただ一つだけ、人を指さすのはやめたほうがよい」

と、答弁の前にまず、常識を盾に切り返した。

言外に「あなたは若いせいか非常識。社会常識を勉強しなさい」と〝上から目線〟で揶揄《やゆ》し、「そんな新人が、事業仕分けでエラそうに批判するのは十年早い」と貫禄のちがいを議員やメディアに印象づけたつもりだろう。

その上で、

「『やらない』とは言っていなくて、『検討をさせて頂く』と」

ピシャリと〝門前払い〟した——と本人は思ったのだろうが、進次郎のほうが一枚上手で、こう切り返した。

「私はいまの答弁を聞いて、蓮舫さんがなぜ人気があるのかわかりませんね」

この場面は当時、テレビで繰り返し放映されたが、進次郎が真顔であっただけに、皮肉ではなく、本気で〝蓮舫人気〟に疑問を呈しているものと視聴者は受け取ったことだろう。「なぜ〝検討〟という政治家の常套句で逃げるのか。あなたの人気は、歯に衣着せぬ率直さにあるのではないか」――と、進次郎の言葉と表情から心境を読み解いた。

進次郎の完勝である。

「この男、やるな」

と誰しも感じ、メディアもそう報じた。

会議や討論会、あるいはプレゼンなどで、皮肉や嫌味、悪意をもって不意に斬りつけられることがある。笑って受け流すばかりでは、相手は調子に乗って二の太刀、三の太刀を仕掛けてきて、ヘタすれば斬り殺されてしまう。

だから相手の初太刀《しょたち》が勝負。これにどう反撃するかで、能力と人格が問われる。ブチ切れたり、居直ったり、罵声を浴びせるのは逆効果。品位を下げてしまうだけでなく、「痛いところをつかれたから怒っているんだ」——といった受け止め方を周囲の人たちにされてしまう。

進次郎は、そんな愚かな切り返しはしない。先の二例でもわかるように、彼が人の心をつかむ理由の一つは、臨機応変の切り返しに対して、周囲の人間が彼の能力と人格を見るからなのである。

かつて自民党青年局のメンバーから、「独身議連」をつくる提案をされたとき、進次郎は瞬時に「独身」というネーミングに異を唱え、

「いや、マスコミを賑わせるから、少子化対策議連にしましょう」

と言った。

「独身＝活動」という言葉は、世間的なイメージからすれば「合コン」や「婚活」など〝遊び〟を連想させてしまう。「少子化対策」と言い換えるだけで、真摯な政治活動のイメージに一変する。これも切り返しの技術の一つであり、こうしたセンスのよさが、進次郎の魅力の一つになっていることを見落としてはならない。

先手3
ダジャレの背後に冷静な計算がある。本音は、笑いを取ったあとにぶつけよ。

聞き手の心をつかむかどうか、演説やスピーチの巧拙はこの一点で評価される。聴衆を引きつけてやまない進次郎の演説は、だから「うまい」と言われる。

では、どこがうまいのか。

進次郎氏の応援演説には、一定のパターンがある。自分の型を持っていることだ。まずダジャレから入り、その地方の方言で挨拶し、さらに特産物や名所旧跡、偉人など、ご当地ネタで聴衆の心をつかんでおいて一転、過去の自民党批判を繰り広げる。

「自民党議員がそこまで言って大丈夫？」

と聴衆が驚いたところで、

「過去の自民党から訣別し、新しい自民党を創るために、ぜひみなさんに協力していただきたい」

と訴えていく。だが、よくよく考えてみると、このパターンは「起承転結」になっていて、オーソドックスなものだ。そこで「起承転結」と展開していく演説の内容をさらに分析してみると、「つかみの〝笑い〟、〝泣き〟の本論」ということが見えてくる。

「泣き」は、「怒り」や「訴え」に置き換えてもよい。要は、演説の前半と後半の落差が聴衆を引きつけるということなのだ。「笑わせ、泣かせ、怒らせる」というのがドラマ作りの基本であるように、演説も振幅の大きさが聴衆の関心を引きつけ、心をつかむ。進次郎の〝つかみ〟は定評があるが、これは「演説後半をいかに聞かせるか」ということを念頭に置いてのものと見ていいだろう。

二〇一二年暮れの衆議院総選挙で、進次郎は全国約六十ヵ所の激戦区を八日間で遊説にまわるのだが、その一つ、北海道八区・前田一男氏の応援に函館に入った進次郎は、ご当地のイベントである『ミスター土方《ひじかた》コンテスト』から話を切り出し、前田候補者が二十年前の「ミスター土方」に選ばれたというエピソードを披露してから、「国政に打って出ようと思うのも、前田さんだけに、あったりまえだ」

と、ダジャレで会場を沸かせて支援を訴える。

これが「起」で、さらにロープウェイで函館山に登って夜景を眺めたこと、宿舎で筋トレ、廊下でダッシュした——といった「承」のエピソードで会場をさらに沸かせたところで、「転」に振り、民主党批判をはじめるのだが、これがパンチがきいているのだ。

この日の二日前、当時、首相だった野田佳彦が函館入りしてイカ釣りのパフォーマンスを見せたことに引っかけ、二〇〇九年の総選挙で民主党が政権を取ったのはイカサマで人を釣ったからだとダジャレで揶揄してから、

「だけど、民主党はイカじゃなくて、タコの集まりなんです」

と語気を強める。

「八本足のタコじゃありません。お正月に揚げる凧なんです。そのココロは、風がないと沈んじゃうんです。自力では飛べないんです」

そして、前田候補は凧ではなく、自分の翼で羽ばたこうとしている鳥である——と訴え、聴取を沸かせておいて、「結」にもっていく。「結」は、二十年前に甚大な津波

被害を蒙《こうむ》った奥尻島からの参加者に話しかける形で、復興の長く険しい道に思いを馳せ、政治の役割とあるべき姿を訴え、聴衆の心を揺さぶる。ダジャレで大いに笑わせておいて本題に落とし込んでいく。断崖から見る谷底と同じで、思わず引き込まれる。「つかみの〝笑い〟、〝泣き〟の本論」とは、こうした振幅を利用した心理術のことを言う。

ダジャレをバカにしてはいけない。「進次郎のダジャレ」はいつしか定番となり、

「さて、この土地に来て何と言うだろう」

と聴衆は期待するのだ。

継続は中途半端だと厭《あ》きられ、それを突き抜ければ〝自分流〟として認知される。進次郎は、継続することの意味を知っている。クレバーな進次郎が、マンネリに気がつかないはずがないのだ。

全国遊説に先立つ二日前、進次郎は地元・横須賀のホテルで開かれた「女性のつどい」に出席した。自分にはいくつか後援会があるが、女性の後援会がなく、みなさんに感謝しているという話をした。どこまで計算があったかわからないが、参加者たち

は母性をくすぐられたことは容易に想像がつくだろう。

これに続いて震災復興にかける思い、そして父・純一郎とキャッチボールをした話は、進次郎が幼くして両親が離婚したことを知る参加者たちをホロリとさせる。落差が聴衆を引きつけるとは、こういうことを言うのだ。

先手4
パフォーマンスを「気づかい」と考える。相手を思いやる心が、己の意志を通す。

「間抜け」とは、「間《ま》が抜けている人間」という意味だ。

《間》は「音や動作が休止している時間の長短」のことで、この休止時間がうまく取れない人間のことを言う。周囲とテンポが合わないため、「あいつ、使えねぇな」――と敬遠されることになる。

演説の天才と言われる田中角栄は、《間》の取り方が絶妙だった。詳細については拙著『田中角栄「情」の会話術』（双葉社）に解説したが、聴衆を引きつけるテクニックの一つに、この《間》がある。「間＝沈黙」ということから、それがテクニックであると気づきにくいが、聴衆の心をつかむ上で重要な役割を担っている。

たとえば、角栄が登壇する。万雷の拍手。ところが、無言のまま突っ立っていることがある。数秒の空白。聴衆は訝《いぶか》り、何か異変でもあったのかと固唾を呑むようにして壇上の角栄を注視する。

聴衆をじゅうぶんに引きつけたところで、

「エー、田中角栄でございます」

と第一声を放つのだ。

進次郎も《間》の取り方がうまい。

先天的なものなのか、あるいは角栄を手本に努力したのかはわからないが、演説手法は〝角栄流〟の継承者と言ってもよい。

こんな例はどうか。

真夏、愛媛県で応援演説をしたときのこと。

「実は、今日は演説のためにマイマイクを持ってきました」

と言ってポケットから取り出したのは、愛媛県の〝看板〟でもあるポンジュースで、これを飲み干してから、

「うまい！」

と言った。

パフォーマンスとしてはわざとらしく、とても一流とは言い難いが、地元の人々にしてみれば、これは進次郎の精一杯の気づかいであることがわかっている。だから聴衆はそれに応えて沸き、拍手が起こる。

注目すべきは〝沈黙〟。進次郎は拍手のあいだはしゃべらない。パフォーマンス学の第一人者として知られる佐藤綾子氏は、こう評価する。

《パフォーマンス学の研修でも、「〝かぶせ発言〟はダメ。他の人の言葉や拍手がおさまってから、次の発言ですよ」と、私がいつも言っているとおりです。彼は十分なポーズ（間）をとってから、拍手に対して「ありがとう、皆さん」と言ってタイミングを図って話し出す、という心憎さでした》（『小泉進次郎の話す力』佐藤綾子／幻冬

含）

あるいは二〇一〇年五月十二日、政権与党の民主党によって、国家公務員法改正案の採決が衆院内閣委員会で強行されたときのことだ。与野党議員のもみあいとなり、民主党の三宅雪子議員が転倒。民主党は、自民党議員による暴力行為として懲罰動議を提出した。これに対して、自民党とみんなの党は強行採決を批判し、田中慶秋内閣委員長の解任決議案を提出した。

自民党員の進次郎は、もちろん解任決議案に賛成の立場。翌五月十三日、本会議で一席ぶった。

「昨日、暴力行為は一切なく、あったのは民主党の強行採決であったこと。もし、暴力行為があったとするならば、その暴力行為が一体なんであるのかはっきりさせ、もし暴力行為がなかった場合、それを潔く撤回すること」

と要求した。

民主党からは野次、自民党など野党席からは拍手が起こるが、進次郎は言葉を発することなく余裕の表情で沈黙して見せる。そして、野次と拍手が収まったところで口を開き、話を継いでいく。

こうして書けば簡単なことに思えるだろうが、これがなかなかできない。私も講演をすることがあるが、「あれを話さなくては」「これを話さなくては」という思いに急かされ、聴衆のリアクションに対する沈黙――すなわち〝余裕の間《ま》〟など取れるものではない。進次郎の非凡さである。

それともう一つ。

進次郎の《間》を語る上で、これこそ彼の真骨頂ではないかと感心するのは、自分と反対の立場に立つ人間に対する処し方だ。性急に説得したり、論破しようとしたりせず、じゅうぶんな《間》を取って話し合いを続け、最後に意を遂げて見せる。

たとえば、ＴＰＰに関する論議が加熱する二〇一二年三月九日のことだ。その半年前に自民党青年局長に就任した進次郎は、沖縄県の南大東島を訪れた。ＴＰＰに加盟すれば砂糖の大打撃は必至で、大東島は、砂糖の原料であるサトウキビが住民の暮らしを支えている。「ＴＰＰ交渉参加断固反対」――それを総意とする大東島に、進次郎は赴いたのである。

TPP賛成派の進次郎は説得すべき立場にあるが、そうはせず、意見交換会でこんな発言をした。

「私とたとえ考えがちがっても、みなさんが島を思う気持ち、それぞれの分野で何とかしたいという思いが、ひしひしと伝わってきて、愛国者の集まりだなあと、胸がいっぱいになりました」

「安倍総理から一つの判断、表明があるでしょう。しかし、そうなったときにどうやって最大限の国益を取るか。（村の標語にあるように）『サトウキビは島を守り、島は国土を守る』を具体化させる」

「これから国会に戻っても、砂糖を使うたびに、身体全体、頭全体に、みなさんの懸念がいつもしっかり存在するように、今日はくまなく島のなかを見ていきたいと思います」

「一緒に悩みながら前に進んでいけるように、みなさんから腹を割った思いを、ぶつけていただきたいと思います」

そして、四時間ほど一緒に砂糖工場やサトウキビ畑をまわるうちに、島民たちは次第に打ち解けていき、進次郎は視察後、記者たちにこう語る。

「生産現場を見て、この島の暮らしを守るのに、ＴＰＰの反対・賛成は関係ないなと思いましたね」

これがもし、「今日は、くまなく島のなかを見て歩きたい」という《間》を取ることなく、村長以下、村の有力者たちの説得にかかっていたなら〝火に油〟。和気《わき》藹々《あいあい》とはならず、険悪な対立構造がメディアを通じて全国に拡散していったことだろう。

「人生は間だよ。一本調子じゃあ何事もうまくいかない」

とは角栄の言葉だが、まさに進次郎は、演説も説得も《間》を最大限に利用することで、人の心をつかんでいるのだ。

先手5

話術、組み立て、態度を周到に準備する。人の心を捉えるのは「技術」である。

簡潔にして明瞭。

これに「説得力」が加わればプレゼンは完璧だ。

進次郎の演説は聴衆を引きつけ、納得させ、共感させるということにおいて、ビジネスマンがプレゼンや交渉において見習うべき最強の話術と言ってよい。

では、その秘訣は何か。

「メニュー」「数字」「自信の演出」――の三つだ。

順を追って解説しよう。

まず「メニュー」。

二〇一〇年五月十三日の衆議院本会議で、国家公務員法改正案の採決が衆院内閣委員会で強行されたとき、進次郎はこれを批判し、田中慶秋内閣委員長の解任決議案賛

成の演説をした。このことは前項――「間」の項目で触れたが、批判に入る冒頭、

「私は委員長の解任賛成論をこれから展開します」

と述べてから、

「なぜ賛成するのかという理由三点を順を追って言っていきます」

と演説内容を〝メニュー〟として提示した。

あるいは二〇一二年暮れの総選挙で、激戦区・新潟五区から立候補した長島忠美氏の応援演説に入ったときは、

「今日、私は長島先生を、どうしてもみなさんの力で押し上げていただきたいという思いで来ました。私がなぜ長島先生という男に惚れているか。それをお話しして、新幹線に飛び乗りたいと思います」

と切り出した。

これから何を話すか――すなわち、メニューを冒頭で示すことで、聴衆は心の準備ができる。コース料理を楽しむときの心理と同じと思えばいいだろう。何の料理が出てくるのかわからなければ、気が散って料理を楽しむどころではない。

「用件は三点あります」

「今日は厳しい話をさせていただきます」

「喜んでいただけるお話を持参しました」

冒頭で結論なりメニューをポンと投げかけ、各論に落とし込んでいく。これはプレゼンの王道とされる手法だが、それがまさに王道であることを、進次郎の演説は証明しているのだ。


二番目の「数字」は、数字をまぶすことで説得力を持たせる手法だ。数字を駆使する手法もまた〝田中角栄流〟で、たとえば角栄は、

「……この一兆三千二百億トンキロという膨大な貨物をさばくにはどうするか。いま、国内貨物における内航海運のシェアは40％ですが、これを50％に上げると、六千六百トンキロで、ちょうど半分さばける」

「いま、鉄道で運べる貨物の輸送限度は六百億トンキロ。しかし、昭和六十年にはその十倍の六千億トンキロを陸上で運ばなければならない。この六千億トンキロの貨物を全部トラックで運ぶとすると、二千七百万台のトラックが必要になる」

なるほど――と納得するよりも、

「よく覚えているな」

と、そっちのほうに感心する。

つまり、角栄が諳《そら》んじる数字は〝暗記の迫力〟に特徴があり、進次郎のそれは角栄流を、より「説得術」として進化させたものと言っていいだろう。

たとえば、二〇一〇年七月五日、愛媛県新居浜市での応援演説。民主党のばらまき政策、子ども手当と高速道路無料化を痛烈に批判するのだが、数字を用いてこんな言い方をしている。

「いま、子ども手当をもらっていることは、将来一万三千円の負担を子どもが受けるということですよ」

この手当は将来のツケとなってハネ返ってくるということを、一万三千円というリアルな金額で聴衆に語って見せたのだ。聴衆の脳裡に「将来＝子どもたち＝負担」という図式が具体的によぎり、

「そうだ、子ども手当はバラマキなのだ」

と認識する人は少なくないだろう。

さらに、「子ども手当をもらう人は喜ぶが、それを財政的に支えるだけの人は不満がある。高速道路も同じで、利用する人のために、利用しない人にも負担をせまる」——と不公平感を衝いていく。

子ども手当は少子化対策の一環として打ち出されているものだが、その有効性を政策として問うよりも、数字によって「不公平感」を強調するほうがわかりやすく、聴衆の心には響くのだ。

最後の「自信の演出」は、ハギレのいい語り口と語尾の明瞭さ、そして動作だ。

「エー、私は」

という〝語りの助走〟を進次郎はしない。

「まァ、何と言いますか……」

と、詠嘆調で言葉を切るのではなく。

「私がなぜ長島先生という男に惚れているか。それをお話しして、新幹線に飛び乗りたいと思います」

「そのなかのたった一人が子どもも手当をもらっている」と、「です」「ます」「だ」――と語尾を明確にして言い切る。これは姿勢と関係していて、進次郎のように背筋を伸ばし、胸を張れば自然と声が大きくなり、語尾も明確になるのだ。

さらに進次郎はアームムーブメント（腕の動き）が巧みだ。肩より上に腕を上げることで力強い印象を与える。聴衆は、この力強さの背後に進次郎の信念と自信を読み取り、心を動かされることになる。

進次郎の「人の心をつかむ技術」は、ビジネスマンにとって、まさにプレゼンと交渉の宝庫でもあるのだ。

先手6

過ちて、詫びることに憚らず。潔さという誠意に人は心を動かす。

潔《いさぎよ》さを最大の美徳とするのが、日本人のメンタリティである。

「花は桜木、人は武士」

と昔から言われるように、「地位や名誉に恋々とせず、桜の花びらのごとく見事に散ってこそ男」——と、その処し方を説いてきた。

ところが政治家や企業トップは、不祥事が発覚すると、

「職責をまっとうすることで責任を果たしたい」

そんな常套句で辞任を否定し、地位にしがみつく人が少なくない。国民は事件そのものもさることながら、詭弁を弄して地位にしがみつく、その醜態にあきれてしまうのだ。

進次郎は潔い。

「原発事故は、自民党の責任でもある。本当に申し訳ない」

東日本大震災直後、視察先の福島県庁で行われた意見交換会の席で、深々と頭を下げた。

このときの心境を進次郎は、

「当時、自民党は野党だったとはいえ、安全神話をつくりあげてしまった責任の一端は、自分たちにあると痛感。政治家として、これを詫びずして信頼されることはありえないと思ったんです」

と語っているが、そんな進次郎に対して、内堀雅雄・福島県副知事（当時）は、

「今回の事故で、あれだけ正面から頭を下げてくれた自民党の方は初めて。聞きたかったことを言ってくれてありがとう」

と声をかけたという。

それほどに、進次郎の真摯で誠実な態度が心を揺さぶったということだ。

そして、自民党青年局長に就任した進次郎は二〇一二年二月十日、復興支援のため青年局に「ＴＥＡＭ11」（チームイレブン）を正式に立ち上げる。毎月十一日に被災

地を訪ねて被災者たちの声を直接聞き、復興支援に役立てようという活動を開始するのだが、被災地入りするたびに第一声は、福島県庁でそうしたように「謝罪の言葉」から入る。

たとえば「ＴＥＡＭ11」を立ち上げた年の六月二十四日、進次郎は福島県郡山市の住宅街にある『ふくしま絆カフェ』を訪れると、

「私たちの原発政策で事故を起こしてしまったこと、大変申し訳ございませんでした」

店に入るなり、そう言って頭を下げた。

郡山市には、富岡町の住人の約五分の一――三千名ほどが避難して住んでいるが、『カフェ絆』は避難住民たちがボランティアで営む店で、集会所となっている。そこを訪ね、開口一番、謝って頭を下げたのだ。これには居合わせた人たちは驚き、感激し、第一声が謝罪だったことが語り草となっている。

「第一声は謝罪の言葉」ということがたびかさなるにつれて、メディアがこれに注目して報じるようになる。

郡山市の演説で、「今日は十二月十一日、いままで毎月十一日に被災地に行ってきたけど、選挙期間になったから（急に）ゴメンナサイと福島県民のみなさんに言えますか。言えるはずありません」と切り出し、聴衆から、「ありがとう」と声が上がったときの様子を、メディアはこう報じた。

《ざわついていた演説広場が静まりかえった。

「『ありがとう』って、そういうことを言われるような立場じゃありません」

参院選のあった7月、自民党候補の応援ため、福島県相馬市を訪れた小泉進次郎・衆議院議員は、聴衆の声にこう応じ、続けた。

「まだ、震災の傷痕は癒えず、仕事は元通りにならず、故郷を追われた方も多くいる。原発事故が発生したとき、自民党は与党ではなかったとはいえ、原発政策を進めてきた政党としてまずは心からのおわびを申し上げます」

頭を下げた上で、衆参のねじれ解消が実現すれば、自民党は、野党が握る参議院で法案がつぶされてしまった、などと言い訳ができなくなる。原発問題は前進するはずだ、と説得する》（『週刊ダイヤモンド』２０１３年8月24日号）

こうした報道が続けば、進次郎の人気はますます高まり、現地入りすれば周囲に人が集まってくる。聴衆が笑顔で迎えれば、ダジャレも飛ばす。福島県只見町では、

「わたしは、只見に、ただ見に来たわけではありません」

と声を張り上げ、ダジャレに託して復興支援の決意をアピールするかと思えば、一転、こんな会話もあったと報じられている。

「TEAM11」が楢葉町国道六号線のボランティア植樹「ふくしま浜街道・桜プロジェクト」に参加したときのことだ。

プロジェクトの実行委員長である西本由美子氏が、

「あえて桜の植樹をする意味を考えていただきたい。小泉先生にこのオババの思いを託しますので、子どもたちの希望を守ってください」

そう伝えると、

「三十年後に、還暦を迎えたら花見に来ます」

と進次郎が応じ、「三十年後」という言葉に〝希望の未来〟を託した。心あたたまるエピソードとして報じられた。

「第一声を謝罪の言葉から入る」という進次郎の態度は、潔さそのものだ。当時、野党だった自民党の一員としては、政権与党だった民主党の責任をアピールしてもよかったはずだが、そうはしないところが進次郎のクレバーなところだろう。

「民主党は政権を担う能力がない！」

とやれば、

「原子力政策は自民党がやってきたじゃないか」

という〝ブーメラン〟になってしまう。

そこで、ここは潔く謝罪し、それをプラスに活かす方が得策だと考えたのか、あるいは本人の性格に根ざした態度なのか、それはわからない。ただ一つ言えることは、潔い態度が国民の目にどう映るかということに無頓着であっては、政治家としての資質を問われるということだ。そう考えれば、「計算した態度」というよりも、「結果、どうなるか」ということは承知していたと見るのが自然だろう。私たちが進次郎の処し方に学ぶべきことは、もし非の一端が自分にあるとするなら、

「自分は悪くないということだけは言っておきたい」

という言い訳の〝誘惑〟を呑み込み、誠意を持って頭を下げることが、結果として計り知れない人望になって返ってくるということである。

先手7 愚直に信念を貫いて見せる。ブレない行動力に、人は本気度を見る。

不評をねじ伏せ、劣勢を跳ね返し、人の心をつかむにはどうすればいいか。

その答えが、進次郎にある。

いまでこそ人気は飛ぶ鳥を落とす勢いで、「次期総理にしたいナンバーワン」ともてはやされているが、〝政治家デビュー〟は過酷なものだった。

父・純一郎元首相の後を継いで、神奈川十一区から初出馬した二〇〇九年夏の衆議院総選挙は、民主党が劇的勝利で政権を奪取するなど自民党にとって大逆風の時代であった。しかも政治家の世襲が批判を浴びる。二十八歳の〝若造〟である進次郎を見

る有権者の目は厳しかった。選挙運動期間中、進次郎の演説に足を止める者も耳を傾ける者もいないだけでなく、

「世襲反対！」

と叫んで、ペットボトルが投げつけられたのだ。

後年、後援会で、進次郎はこのときのことをこう語っている。

「いまでもそのときのペットボトルの銘柄は覚えていますよ。スーパーとかコンビニとか行ってその銘柄を見ると、あの嫌な思い出が甦ってくる。もうこの銘柄は買うまい、と」

地元の選挙区でそうなのだから、国民の進次郎を見る目は冷ややかだった。それでも苦しい選挙戦を勝ち抜いて赤絨毯を踏み、やがて今日の〝進次郎ブーム〟を巻き起こすことになるのだが、その原動力の一つが「本気度」だ。東日本大震災の被災地に通い続け、被災者の声に耳を傾け、それを政治の場で提言していく。進次郎の「本気度」はこうした「行動」によって裏付けられ、国民はそこに政治家としての誠意と実行力を見たと言っていいだろう。

「進次郎は口先だけの政治家とはちがう」

「彼ならウソはつかないだろう」

「何かやってくれるのではないか」

国民のこの思いが〝進次郎人気〟の原点にある。

言葉を換えれば、愚直に信念を貫いて行動し続ければ、かならず評価されるときがくるということで、「石の上にも三年」ということわざは普遍の真理ということになるだろう。

進次郎が茨城県北部に救援物資を届けに入ったのは、震災から十四日後。その後も足しげく被災地に通い、慰問を自民党の活動として位置づけるため、青年局に「TEAM11」を立ち上げたことは、すでに紹介したとおりだ。大震災が起こった三月十一日にちなんで毎月十一日、進次郎は四十五歳以下の党所属国会議員や地方議員を引き連れて被災三県（岩手、宮城、福島）を訪れ、被災者の声に耳をかたむけ、要望などを汲み取っていく。耳を傾けるだけでなく、福島のりんご農園では、みずから高圧洗浄機を使って、りんごの木の除染作業にも当たっている。

このときの体験をもとに、進次郎は二〇一二年二月の予算委員会で、

「二月の十一日、私は福島県に行ってまいりました。りんご農家の方の除染の現場を見て、恐らく今日も、阿部さんといいますけれども、七〇〇本のりんごの木の皮を剥ぐ、そういう除染の活動をしています」

と発言し、野田総理に復興の加速を迫ると、

「いつも、小泉議員におかれましては、被災地の現場に入っての生のお話をお聞かせいただき、また御提言をいただき、本当にありがとうございます」

と応じた。

野田総理は、財務大臣に就任する前日まで二十四年間、選挙区である千葉県船橋駅周辺で早朝演説を継続し、これが政治家として自分の原点であるとする。「本気度は行動に表れる」ということを身をもって知っている。進次郎の被災地入りを見て、感じるところがあったのかもしれない。

そんな進次郎の「本気度」が被災者の心をつかんでいく。進次郎の行く先には人だかりができるため、かならず出発時間が遅れ、これを同行の若手議員たちは「進次郎

時間」と呼んだという。早朝に東京を出発し、まる一日現地で活動をし、深夜に帰京するという強行軍で、進次郎が局長在任中（二〇一一年十月〜二〇一三年九月）十六回行われ、いまでも党で引き継がれている。

被災地に通い続ける理由について、進次郎はこう語っている。

「東日本大震災が起きて以来、ほぼ毎週のペースで被災地を訪れています。〝なんで政治家がそんなに被災地に行くんだ〟という疑問の声を頂戴することもあります。でも私は政治家こそ自分の足で被災地を歩いて、現状を目の当たりにすべきだと思っています。政治家にできること、すべきこととは、国民に対して日本の復興に何が必要なのかメッセージを発信することです。

政治家という職業は〝手に職がない〟職業です。弁護士や学校の先生、街のパン屋さんや大工さんなどと違って資格も何もない。もちろん弁護士出身やビジネスマン出身の政治家もいますが、基本的に我々政治家が持っている仕事上の武器は言葉だけです。選挙時になると一斉にマイクを持って街頭に立つのも、言葉だけが我々の持てる唯一の武器だからです。でもだからこそ、私たちの言葉は真実のものでなければなりません。そうでなければ、有権者の方々は我々を信じて国政を任せてはくれないでしょう。だから私は現場を自分の目で見て歩くのです」（二〇一一年六月二十七日、関西学院大学「第十六回国際学部連続講演会」より）

売名のパフォーマンスだという揶揄や冷やかな目を、進次郎は「本気度」を行動で示し、跳ね返して見せたのだ。

先手8

自己批判という刃《やいば》で、己をも斬り裂く。説得は、血を流す覚悟の先にある。

進次郎の演説構成には大きな特徴がある。

「先んじて非を認め、批判を制して我田《がでん》に水を引く」

という手法だ。

こんな譬《たと》えがわかりやすいだろう。ある中年男性が「犯罪のない明るい街づくり」

を提唱し、街頭で熱弁を振るっていると、

「あんた、きれいごと言ってるけど、刑務所に入ってるじゃないか！」

住民の一人が声高に非難し、中年男性はあわてて弁解につとめたが、聴衆は冷笑して去って行った……。「明るい街づくり」という主張はウェルカムであっても、「刑務所に入っていた」という自分のネガティブ情報をスルーしていたことが、住民や聴衆の反感を買ってしまったということだ。

もし中年男が、この逆をやっていたらどうか。

「私は罪を犯して刑務所に入ったことがあります」

先んじてネガティブ情報を口にしておいて、

「だから私は犯罪に走る者の心理がよくわかります。私は、自分の経験を地域のために活かしたいのです」

と〝我田引水〟にもっていけば、

「なるほど」

と聴衆は共感を寄せるだろう。

少なくとも、

「あんた、刑務所に入っているじゃないか！」

という反感のヤジは飛ばない。

進次郎の演説は、まさにこの譬えそのものなのだ。自民党が政権奪還に挑んだ二〇一二年暮れの衆議院総選挙で、進次郎は民主党を攻撃しつつも、課題の根本をつくったのは戦後日本の成長を担ってきた自民党である——と自己批判し、

「だからこそ反省し、今回の選挙で結果を出して課題はしっかり解決する。これが自民党のけじめのつけ方です」

と、自民党という〝我田〟に、しっかりと水を引いている。

これがもし、自民党の〝非〟を頰《ほ》っかむりしておいて、「自民党はやります！」とアピールしたのでは、

(これまで政権を担っていた自民党が悪いんじゃないか)

という思いが聴衆の心をよぎるだろう。ヤジが飛んでから「確かに自民党もよくない」と〝非〟を認めたのでは言い訳になってしまい、有権者の心をつかむことはでき

ない。

進次郎の演説手法を批判しているのではない。

「先んじて非を認め、批判を制しておいて我田に水を引く」

という組み立ては、人間心理を衝いて見事であり、私たちもこの手法を参考にして、説得や交渉の場において積極的に用いるべきだと思うのだ。

田中角栄は一九八一年四月、東京都議選に立候補する田中派系三十五人の出陣式で挨拶に立ち、

「私は人集めのパンダだ。街頭にも立つ。なんでもやる。どうか、この田中を使っていただきたい！」

と檄を飛ばし、「人寄せパンダ」は流行語になった。

それから三十四年を経て、進次郎もこの言葉を用いているが、彼はこういう言い方をする。

「私は人寄せパンダと呼ばれています。私はそれでいいんです」

自分は所詮、パンダであると認め、「この男、わかっているじゃないか」と、聴衆

をうなずかせておいて、こう切り返す。

「パンダがいない党よりも、パンダがいる党のほうがいいじゃないですか」

なるほど――となる。進次郎の応援演説の狙いは、あくまで自民党候補を勝たせることにある。「非を認める」はその手段であり、目的を忘れたそれは自虐ネタに過ぎない。進次郎の周到な演説の組み立てなのである。

第2章

共感を呼び込む演出力

先手9

言葉を視線に乗せて語りかける。もの言わぬ「目」が、聴衆の心を射貫く。

目は、口ほどにものを言う。

部下を叱るとき、相手がそっぽを向いていたなら、「ちゃんと聞いてるのか！」

思わず怒声が口をつく。

「聞く」は耳で、「話す」は口であっても、「これ、このとおり一所懸命に聞いています」「私は本気で、あなたに語りかけているのです」――という〝誠意〟を相手に伝えるのは、視線なのである。

これがアイコンタクトで、この技術において進次郎は傑出している。

二〇一二年十二月、進次郎は齋藤健衆議院議員の応援演説のため、ダイエー新松戸店（千葉県）の前に立った。齋藤議員は進次郎より二十二歳年長だが、ともに前回二〇〇九年の衆議院選挙で初当選した同期だ。自民党が大敗し、民主党政権になった選挙で、進次郎と齊藤を含めて新人の初当選はわずかに四人。彼らは「四志の会」という同期会を結成している。

その齊藤の応援に入ったのだ。

午後二時、〝進次郎人気〟で詰めかけた四千五百人の聴衆を前に、当の進次郎がマイクを手に取る。

「わたしの数少ない同期である、齋藤健さんの応援に参りました」

第一声を放つと、進次郎は聴衆をぐるり三百六十度、背後まで見回しながら、

「ダイエー新松戸店の前……、ケンタッキーの前……、ミスタードーナツの前、それから駐車場……」

集まった聴衆のすべてに対して、これからあなたに向かって話しますよ——とアイコンタクトする。進次郎にしてみれば一人対四千五百人だが、聴衆から見れば一対一。進次郎がぐるりと見回せば一瞬でも目が合う。進次郎にその認識はなくても、聴衆は目が合ったと思う。これだけで聴衆の気持ちは演説を聴く準備ができることになる。

そして進次郎は「四志の会」の仲間であることを話し、

「私が齋藤健さんの応援に駆けつけたのは、頼まれたからではありません。私が齋藤健さんに、ぜひ応援に入らせてくださいとお願いしたんです」

なぜなら、「四志の会」の仲間として、もう一度、二人して国会にもどる——そのために、自分から応援に入らせてもらったのだと訴え、心憎い一言に拍手が沸き起こるのだ。

アイコンタクトに加えて、進次郎の演説の特徴は〝つかみ〟が抜群にうまいことだ。聴衆の興味や関心を短いフレーズで語りかけ、一瞬にして心をつかむ。

たとえば二〇一〇年六月十三日、七月の参議院選挙を控え、全国を応援演説してまわったときのことだ。イトーヨーカドー甲府昭和店前に立った進次郎は、方言で一声を放ってから、

「武田信玄は『甲斐の龍』『甲斐の虎』と呼ばれていました。私は『自民党のパンダ』と呼ばれています」

と語りかけて観客に大ウケし、共感を得た。

「短いフレーズ」と「つかみ」は、もちろん意識してのことで、これは進次郎の次の二つの語りからうかがえる。

二〇一〇年十月三十日、学習院大学学園祭で講演したあと、「尊敬する政治家は誰か」と学生に問われ、ジョン・F・ケネディであると進次郎は答えてから、「ケネディは右も左もなく世界の誰からも尊敬される政治家だった。それに、テレビを通して国民に訴えた。私もそうしたいと思っています。画面に顔が映ったら、５秒でわかるキャッチを言わないと」

五秒でわかるキャッチ——という発言からもわかるように、『寸鉄人を刺す』で、短いフレーズが人の心に突き刺さるということを、進次郎が意識していることがわかる。

「つかみ」に関しては、田崎史郎氏（現、時事通信社特別解説委員）による『文藝春秋』のインタビューに答えて、こう語っている。

《ぼくが常に考えているのは、街頭演説では特に、わざわざ聞きに来てくれている人よりも、たまたまそこを通った人の足をどうやって止めるかということ。つかみもそうだし、演説の内容もそうだし、締めもそうだし。その思いがあるから、まずつかみの部分で、「ちょっとこいつの言うことを聞いてやろうか」と思ってもらいたいと考えるんです》（２０１０年12月号）

つかみも、内容も、締めもすべて、「いかに関心を引くか」ということを常に考えてしゃべっているということなのだ。

では、どうやって〝つかみ〟を考えるのか。

少し長くなるが、進次郎のノウハウの一端がうかがえるので、やはり田崎氏との対談から紹介しておく。

《応援演説で地方へ行ったときにそこの方言を使おうと考えているときもあれば、その場に立ってぱっと思いつくこともあります。だから、周りを観察して、聴衆の中で目立つ人がいないかとか、周りのビルなどの風景を見てなにか使えないかとかキョロキョロしています。自分の中で印象深いのは栃木だったかな。あたりを見回したら、どこかのビルに『ＦＫＤ』と書いてあるのを見つけたので、こう言ったんです。今日、私が話すことは、まさにこの場に合っていること。みなさん、あそこを見てください。

ＦＫＤ、普天間、子ども手当、ダメ》（２０１０年12月号）

こうした訓練の積み重ねによって演説技術を磨き、心をつかんでいくのだ。

演説だけではない。会話における当意即妙は、思わず唸らせる、先に紹介した学習院大学学園祭で、学生たちの質疑応答でのこと。親近感からか、「結婚はいつですか」と、ざっくばらんな質問に対して、こう答えている。

「結婚ねぇ、そういう人がいたらいまごろはフライデーの餌食になっていますよ。（結婚は）まだですねぇ。時間があったら野球をやりたいけれど、サーフィンもやりたいんです。でも、サーフィンしたら、『政治の波に乗れないのに、波乗りだけはうまい』と、また言われそうなので」

と会場を沸かせるのだ。

先手10

懐疑することなく、マンネリに徹する。繰り返せば「十八番《オハコ》」となる。

方言は、進次郎の十八番である。

「こんなに暑いのに、ようけ集まってもろうて、本当にうれしいけん」

夏の愛媛県での第一声がこれなら、冬場の青森県では、

「こっだら寒いなか、よくおいでやんした」

あるいは、小雪が舞う山形県米沢市では、これまで二度、演説に訪れ、二度とも方言の挨拶に失敗したという枕を振ってから、

「今日、もう一度という思いで、改めてみなさんに朝のご挨拶をさせていただきます。〝みなさん、こげにごさっとごやっておしょうしなあ〟」

こげにごさっとごやっておしょうしなあ——は、「こんなにお越しいただきありがとうございます」といった意味だが、〝二度、失敗〟という一語が効いて聴衆の期待

感は高まり、爽やかな笑顔の方言に聴衆はドッと沸いてヤンヤの喝采を送る。これだけで演説は、なかば成功したようなものだ。

こうした方言を用いた手法に対して、「わざとらしい」と感じる人もいるだろう。いやらしいと言えば、そうかもしれない。だが、そう感じるのは〝他所《よそ》の人間〟であって、地元民はうれしいもの。わざとらしくても、わざわざ方言で自分たちを喜ばそうとする、その気づかいとサービス精神に拍手する。外国人旅行者が頑張ってカタコトの日本語で話しかけてくれれば微笑ましく感じるもので、あの感覚と言えばいいだろうか。進次郎は都会から来た〝お客さん〟であり、郷に入って郷に従おうとする表れが方言の挨拶だと地元民は受け取る。「東京人」が田舎に行って、都会言葉を連発したなら、好意をもって迎えられることは少ないだろう。

また、「継続は力なり」で、進次郎の口から方言が飛び出すのは〝お約束〟。聴衆は待っている。だから、たとえ面白くなくてもドッと沸くというわけだ。

「選挙演説が万葉集なら、お国言葉は枕詞ですから」

と進次郎自身が語っているように、確信的に方言にこだわり続けていることがわかるだろう。

他の演説者たちは「聞いてくれる」を前提に話を組み立てるのに対して、進次郎は「聞いてくれない」というところから発想し、「いかにすれば聞いてもらえるか」を考えているのだ。

そして、見逃してはならないのは、方言という〝ダジャレ的〟なウケは、それに続くまともな話によって際立ち、同時にまともな話はダジャレによって際立つという補完の関係になっていることだ。

たとえば、前述した米沢市での方言――「みなさん、こげにごさっとごやっておしょうしなあ」とやったのは、〝落下傘候補〟である鈴木憲和候補の応援演説のときのものだが、ドッと沸かせたあとで、なぜ「東京の人間」である鈴木候補が山形二区から出馬するかということの整合性について語っていく。

まず、山形にゆかりのある歴史上の偉人――直江兼続と上杉鷹山を引き合いに出す。二人とも鈴木候補と同じく、ここで生まれ育ったわけではないが、この地のために自分のすべてを懸けたとしつつ、鷹山の『なせばなる　なさねばならぬ何事も　ならぬは人のなさぬなりけり』という言葉を引き、ジョン・Ｆ・ケネディ元大統領が鷹山を尊敬していたというエピソードを披露。ここは歴史上の偉人を支えてきた土地柄で、今回はぜひ鈴木候補を支えて欲しい――と展開する。

論旨にやや無理があるものの、言葉は耳を抜けて行くものだ。聴衆の耳に強く残るのは兼続、鷹山、ケネディ、鈴木候補の名前である。見事というほかはない。

最後に、唸らせるような演説を紹介しておこう。二〇一三年六月十六日、宮崎県の高原町総合運動ふれあい広場で行われた演説は、地元の人たちの心をがっちりととらえ、同行取材した『女性自身』は「これまでになく盛りあがった」と記事に書く。

進次郎は、こう言った。

《ここから見える高千穂峰には、坂本龍馬が奥さんのお龍さんと一緒に新婚旅行に行って、天逆鉾《あまのさかほこ》を抜いたという伝説がある。そのお龍さんのお墓がうちの地元の横須賀にあるんです。坂本龍馬が暗殺された後、彼女は横須賀に来て、人生を全うしたんです。いつか私にとってのお龍さんが見つかるといいなあと思いながら、いつか高千穂峰に来たいと思います》（2013年8月6日号）

方言で沸かせ、ジーンとくるような話で聞かせる。進次郎の非凡さである。

先手11 「見た」「行った」という体験のみ語る。信頼は、人格の上にしか築けない。

進次郎は、スケジュール的に可能であれば早めに現地に入り、名所を訪ねたり、観光したり、名物料理を食べたりする。演説やスピーチのつかみで、「実際に行った」というリアルを大事にするからだ。

自民党青年局長時代、広島国際会議場で開催された「若者・女性活躍推進フォーラム」に出席したときのことだ。進次郎は、広島を地盤とする自民党の中川俊直衆議院議員に前もって依頼し、昼食はお好み焼き屋に案内してもらっている。「広島風お好み焼き」という言葉があるように、重ね焼きをしたお好み焼きは広島名物の一つであるからだ。

進次郎は、午後四時から開催されたフォーラムの席上、こう語った。

「さきほど中川俊直さんから広島のお好み焼き屋のちゃんぽんをご馳走になりました。ちゃんぽんのお好み焼きは、まさにイノベーション（革新）ですね」

ちゃんぽんとは、お好み焼きの具に、そばとうどんが一玉ずつ入ったもので、「イノベーション」は広島県人をくすぐるジョークとなり、笑いをとった。

実は、お好み焼きを食べたあと、フォーラム開始まで一時間ほどあったので、進次郎は、

「どこか観光するところはないですか」

と中川議員に訊ねている。

並の議員であれば、お茶でも飲んでゆっくりするところだろうが、そうはしない。中川議員は残り時間を勘案し、広島カープの本拠地マツダスタジアムへ案内した。この日はあいにくの雨で巨人・広島のデイゲームは中止になっていたが、ゲームが行われていたら、進次郎はお好み焼き屋ではなく、マツダスタジアムへ寄った話をフォーラムで語ったかもしれない。いずれにせよ、「行った」「見た」「食べた」という事実

のである。

が説得力を持つ。これが進次郎の〝現場主義〟であり、聴衆の共感を呼び込む努力な

二〇一六年七月の参議院選挙で、長野県辰野町に応援演説に入ったときのこと。登壇前のわずかな時間を利用して、町が一望できる高台に上がり、演説会でこう切り出している。

「私は、ここに来る前に隙間を縫って、荒神山公園の展望台に行って、この町の全景を眺めてきました」

会場の歓声を受けながら、辰野町が、父・小泉純一郎の秘書として知られる飯島勲氏の出身地であり、飯島氏に感謝の言葉を述べながら、「辰野町＝飯島」ということは、間接的に「辰野町＝純一郎」であり、「辰野町＝進次郎」ということにもなると話を展開する。この演説の組立から考えて、「展望台に行って一望した」という事実がどれほどの重みと説得力を持つか、おわかりいただけるだろう。

「実際に行きました」

「食べました」

「やってみました」

という〝現場主義〟は時間の長短は関係しない。事実だけが勝負なのだ。

それともう一つ、この〝現場主義〟に加えて、進次郎は「自分の言葉」で話し、語りかけていることに留意したい。

脳科学者の茂木健一郎氏が、進次郎が持つ「自分の言葉」について、『プレジデント』誌の連載コラム「世界一の発想法」で、こんな興味深い指摘をしている。GIサミットという若手経営者の集まりで、進次郎が、元横綱の故大鵬親方が国民栄誉賞に決まったことを称賛しながらも、こんなふうに語ったという。

《大鵬さんの国民栄誉賞は素晴らしいが、一方で、国民栄誉賞というものは、社会の片隅で、誰にも知られずにがんばっている、無名の方に差し上げてこそ本当に意味があるのではないでしょうか》（2013年4月15日号）

栄誉賞の受賞を、ただ手放しで誉め称えるのではなく、そこに自分の考え——「本論」をかぶせていく。「自分の言葉」とは、こういうことを言うのだと茂木氏は書くのだ。

田中角栄は演説の天才にして、人心収攬《しゅうらん》術において右に出る者はいないが、その角栄が、「自分の言葉」で語ることの大切さを、こう説いている。

「わかったようなことを言うな。気の利いたことを言うな。借りものでない自分の言葉で全力で話せ。そうすれば、初めて人が聞く耳を持ってくれる」

「誰それがこう言った、あの人のこういう見方は正しいと思う、それは何々の本によるところですね——といった蘊蓄《うんちく》をひけらかす事が得意な人がいる。しかし、悲しいかな、自分の言葉がない」

「世のなかには他人さまのウワサ話、伝聞をいつもポケットに入れ、それを放出することで一日の生活が回っているアホがいる。自分の言葉がないのは寂しいことである」

進次郎は、角栄の演説を意識してこう語ったと、前出の田崎史郎氏は書いている。

《田中さんの言葉には体重が乗っかって。体温があってね。それとリズムがある。僕の中でいつも考えていることです。これは何冊の本を読んだって駄目だろうね。結局これは一個人の問題ではない、国民全体、そして国の行方に関わる問題なんだという一例として、説得力をもって話すためには、「この人は、自分で見たことを語っている」「自分で聞いたことを言っている」「テレビや本でこの前聞いたんじゃないな」と思われないといけない》（『文藝春秋』2016年8月号）

角栄の演説を評して「体重が乗っかって、体温がある」と見抜くところはさすがである。

田中角栄は演説を〝角栄節〟と呼ばれるまでに昇華させた。角栄でなければ話すことのできない話術であり、それを参考にすれば、芸人と同じく角栄のモノマネになってしまうだろう。

進次郎はちがう。演説のうまさでは群を抜いているが、それは話術の構成であり、語りかけの巧みさであり、聴衆の心をとらえる術《すべ》を熟知しているからにほかならない。だからこそ、進次郎の話し方は、私たちに学ぶべきものがあるのだ。

先手12

立ち位置を同じくして共感に訴える。感動は、手を携えた〝同志〟に芽生える。

演説は心理術である。

「あっ、そうか！」

と聴衆が納得するか、

「調子いいことばかり言って」

とシラけるかは話術で決まる。

フィリピンのドゥテルテ大統領のように「黙ってついて来い」で国民を強引に引っ張るか、アメリカのオバマ大統領のように「Yes We Can」──「私たちはやれる」と、国民を主語にして訴えかけるかは国情によってさまざまだが、「政治は血を流さない戦争であり、戦争は血を流す政治である」と毛沢東が喝破したごとく、政治は冷徹なリアリズムなのだ。

だから、進次郎も演説で勝負する。

「基本的に我々政治家が持っている仕事上の武器は言葉だけです」

と語った言葉は前項で紹介したが、進次郎の演説の特徴の一つは、「共に考えよう」「共に乗り越えていこう」と聴衆に訴えかけ、仲間意識を喚起することにある。

たとえば、ＴＰＰ。アメリカのトランプ新大統領の誕生で先行き不透明になったが、参加の是非をめぐって、日本国内で賛否の論議が加熱していた当時のことだ。反対の急先鋒である農村に遊説に入った進次郎は、「対策はしっかりやる」と前置きした上で、

「だけど、よく考えてみてほしい。ＴＰＰがなければ、農業の課題はなくなるんですか」

「これから十年後、二十年後、この棚田を誰が守るんですか」

「だから私たちは、心苦しいけれど、変わらなきゃいけない。その変わるときを一緒に乗り越えたい」

と訴える。

ポイントは次の二ヵ所。「だから私たちは、心苦しいけれど、変わらなきゃいけない」「一緒に乗り越えたい」というオバマ流の「Ｗｅ」で、これに聴衆は共感する。だが、変わらなければならないのは農家であり、乗り越えていくのも農家。進次郎は農家ではないので、本来は、こう言わなければならない。

「だからあなたたちは、心苦しいけれど、変わらなきゃいけない。その変わるときをあなたたちは乗り越えなければならない」

現実に即して「私たち」を「あなたたち」に置き換えたならば、聴衆の共感を得るのは難しいだろう。進次郎が詭弁を弄しているというわけではない。農家の将来のために全力を尽くすという政治家としての熱い思いが「私たち」という主語になっているのだろうが、これを演説手法としてみれば、「Ｗｅ」の持つ意味がどれほど大きいかわかるはずだ。

「アメリカがあなたのために何をしてくれるのかを問うのではなく、あなたが国のために何ができるかを考えようではありませんか」

という言葉は、一九六一年一月二十日、進次郎が尊敬するジョン・Ｆ・ケネディ元大統領が米国連邦議会議事堂で行った就任演説の有名な一節だが、この演説のなかでケネディは、「共に考えましょう」「共に作り上げましょう」「共に努めましょう」「共に手を取りましょう」と、「共に」という言葉で多くのことを提言している。進次郎はケネディのこの演説手法を参考にしたのかもしれない。

事実、「私たち」「みなさん」と呼びかける演説手法は進次郎に一貫したものだ。二〇一〇年七月に行われた参議院選挙で、進次郎はインターネットにアップされた自民党のCMに出演するのだが、このときのセリフは自分が書いたものだ。

進次郎は、こう語りかけている。

「ほどほどの努力ではほどほどの幸せもつかめない。一生懸命頑張って、一生懸命働いて、豊かで、一番の国をつくりましょう。政治家頼みではいままでと何も変わらない。みなさん、いま、必要なのはみなさんの参加です。みなさんの力です。自民党」

初当選して二年後、進次郎はすでに「みなさんの参加」「みなさんの力」という言葉を用いて訴えていることは注目していいだろう。

「〇〇すべきだ」

と命令口調で言われると、

「冗談じゃない」

と反発するのが人間心理。

ところが、

「○○したらどうでしょうか？」

と、やんわり問いかけられたらどうか。

「ノー」とは言いにくく、たいてい「イエス」になるのだが、〝問いかけ話法〟によって、「決めるのはあなたです」と決定権を渡され、自分が決めたということに人間は満足する。さらに、「私たちで○○したらどうかと思うのですが、どうでしょうか？」と、〝問いかけ話法〟に「私たち」という枕をつければ完璧となる。

「自民党に足りないのはネーミングセンスなんです。民主党は何だかんだ言ってもネーミングはうまい。『子ども手当』と聞けばタダだとわかる。『高速無料化』といえば、もちろん高速はタダだとわかる。そういうわかりやすいネーミングを考える力が私たちに必要です。みなさん、何かいいアイディアはありませんか。いいアイディアが出たらぜひ教えてください」

進次郎は二〇一〇年六月、ネットメディア局次長になったとき、こう挨拶をした。

「アイディアを出していただきたい」

と〝上から目線〟で言ったなら、

(自分で考えろ)

と反発心も芽生えるだろうが、「みなさん、何かいいアイディアはありませんか。いいアイディアが出たらぜひ教えてください」と、〝共同歩調〟のスタンスに立てば、

「そうだな」

と、自分のこととして真剣に考えるのだ。

先手13 例外を排し、どこまでも平等を貫く。確固たる信念の前に不評は存せず。

進次郎は、議員やメディアのウケがいい。

平等に接しているからだ。

だが、平等にもふた通りある。一つは全員に〝いい顔〟をし、頼み事を引き受けるという平等。もう一つはその真逆で、相手が誰であれ、頼み事はいっさい引き受けないという平等である。

たとえば、選挙ポスター。進次郎が自民党青年局長だった二〇一三年七月の参議院選挙で、こんなエピソードがある。自民党候補者が進次郎人気にあやかろうとして、進次郎の写真を掲載して〝街頭演説会の案内〟をつくろうとした。公職選挙法によって、選挙活動期間以外は候補者の個人名を売り込むのは禁止されているため、〝街頭演説会〟という名目の選挙用ポスターである。

進次郎は、これをすべて断った。

「演説会に行けないのに、写真だけ使うのは嘘になってしまうから」

というのがその理由だ。たとえ演説会に応援に行く予定になっている候補者であったとしても、すべて断るほどの徹底ぶりだ。

ならばと、候補者たちは進次郎にビデオ・メッセージを依頼するが、これもすべて断った。ポスターの写真同様、一人でも受けてしまえば不公平になるからだ。そのかわり、進次郎は青年局長の名前で祝電を打つことにした。秘書が打てばいいだけのことで、これならいくらでも対応できるというわけだ。

あるいは、東日本大震災の被災地でのこと。仮設住宅のラーメン屋を二軒ハシゴして昼食をとった。

「平等に行かないと自民党の敵になってしまうから」

と、その理由を語ったという。

ラーメン屋二軒なら負担にならないが、「頼み事を引き受ける平等」と「いっさい断る平等」をくらべると、「断る平等」のほうが評判を落とすリスクが少ないのだ。

私たちに置き換えてみればわかる。たとえば「パーティに顔を出してくれ」という依頼があったとする。断ると気を悪くするのではないかと気づかい、顔を出す。別の人間から依頼があれば、これも顔を出す。そして四人目、五人目と顔を出し、六人目に声をかけられたときに、どうしても所用で都合がつかず欠席したならば、

「俺のときは来ないのかよ」

六人目は不満に思い、これが悪口になっていく。

ところが、いっさい顔を出さなければどうか。最初こそ「つき合いが悪いな」と思われたとしても、すべてにそうだとなれば、「彼は来ない」ということが定着し、それが受け容れられることになる。人間が頼み事をして腹を立てるのは、断られることそのものよりも、

「あいつのことは引き受けておいて、俺のことは断るのか」

という不平等に原因がある。よかれと思って頑張って引き受けると、それが結果として裏目に出る――これが人間関係であり、進次郎はこのことを熟知しているのだ。

メディアに対しても、これは徹底している。進次郎は新聞、テレビ、雑誌を問わず、

単独インタビューを受けない。どんなに親交のある記者でも断る。情報発信は、記者会見やぶらさがりなど、複数社の記者がいるところでしか行わない。特定の社や記者と親しくなれば、それに比例して、必ず足を引っ張る者が出てくる。出世して、しかるべきポストに就くころには、信頼できる記者を取り込んでいくのだろうが、いまはまだ時期尚早ということなのだろう。

「頂上を極めるには、味方を増やすより敵を減らすことだ」

と喝破したのは田中角栄だ。

単独インタビューを受けないということは、全記者が平等であるため、このことに不満をいだく者は少ないはずだ。同時に、いずれインタビューを受けてくれるかもしれないという計算があるため、できるだけ進次郎とは良好な関係でいたいと思うだろう。だから進次郎をあしざまに批判する記事は少なく、記者にウケがいいと、この項の冒頭に書いたのは、そういう理由もあるのだ。

メディアに平等に接し、等距離を保つという姿勢は確信的なものだ。そのことは、再三、引用した田崎史郎氏のインタビュー記事にうかがえる。

田崎氏は冒頭にこう書いている。
《小泉進次郎議員のインタビュー記事は『自由民主』（十月十五日）に掲載された。このたび、自民党の了解を得て、未掲載の部分を含め、インタビューのほぼ全文を『文藝春秋』に掲載することにした》（『文藝春秋』２０１０年12月号）

機関誌、自民党の了解、加筆して掲載——という文言から、「商業メディアによる単独インタビューではない」と断っているようにも読める。

そして進次郎も、
「実はこういう形でインタビューを受けるのは初めてなんです。いままで多くのマスコミからインタビュー依頼があったんですが、全部お断りしてきたんですよ。今回はわが党の機関紙『自由民主』ということでお受けしたんです」

と、インタビューで語っている。

これも裏読みすれば、「この単独インタビューは例外中の例外ですよ」というメッセージのように感じるのだ。

裏を返せば、単独インタビューを受けないのは、将来を見据えた進次郎の戦略であると同時に、平等に接するという記者に対する気づかいでもあるのだ。

先手 14
渾身の行動力をもって二言なきを証明する。誠意は、形になってこそ知れる。

政治家は、誠意を行動で示す。

いや、誠意は行動でしか示すことができないのだ。

「私は誠意ある人間です」

と百万遍くり返したところで、「誠意ある人」になることはできない。口では何とでも言える――と有権者は冷ややかなもので、政治家の言《げん》がイマイチ信頼されないのは、行動という目に見える形で「誠意」が示されないからである。

進次郎が、選挙区だけでなく国民から広く人気を博しているのは、東日本大震災の被災地に何度も足を運び、被災者の声に耳を傾け、それを国会で提言するという行動の裏付けがあるからだ。

「彼ならやってくれる」

「彼の言葉にウソはない」

という信頼は、いくらイケメンで演説が達者であろうとも、この行動を抜きにしてはあり得ない。

進次郎が個別取材を受けないため、メディアは密着ルポで人物像に迫っているが、記事で共通するのは、被災者に対する接し方だ。

まず、ひたすら被災者の話を聞く。これは他の政治家たちと際立って異なる。被災地入りする政治家の多くは、「これこのとおり、私は頑張って視察していますよ」というポーズであったり、選挙区向けの自己PRであったりする。

だから、被災者に耳を傾けるより、しゃべりたがる。

「一日も早い復興のため、私は……云々」

とアピールして終わり。

「何しに来たんだか」

と、被災者はあきれたり怒ったりする。

進次郎は違う。ひたすら耳を傾ける。それも、ただ聞くだけではなく、被災者の意見や要望を細かくメモに取っていく。この真摯な態度を目の当たりにして、信頼を寄せない被災者はいまい。

フットワークは抜群だ。震災直後、ガソリン不足で交通が危機的状況になったとき、進次郎はいち早くタンクローリーを手配し、ガソリンを被災地に運び込んでいる。フットワークの軽さは、進次郎の誠意と、復興に懸ける情熱を示すものとして、後々まで語られることになる。

被災地で酒を酌み交わすときは最後までつき合う。青年たちが話しかければ分け隔てなく、気さくに応じる。ヒザをまじえて話を聞くことで本音を引き出し、真の意味で復興に役立てようというわけだ。そして、視察に協力してくれた関係者に必ずお礼の電話を入れるなど、細かい気配りをする。

こうした努力を現地で重ねながら、国会では被災者の失業手当の改善を要求して実現させる一方、被災地の瓦礫処理を、自身の選挙区に掛け合うなど、被災地のために現実的な成果を出している。

進次郎の行動力には頭が下がるが、しかし進次郎は政治家であって、ボランティアではない。なぜ、そこまで被災地に関わるのか。「政治家の使命」と言うなら、政治家は一介のボランティアであってはなるまい。察するところ、進次郎は被災地にとことん関わることで、それをテコとし、復興を全国に発信していくことが自身にとって大きな意味を持つと考えているからではないか。

事実、進次郎は、復興支援をテーマに全国の青年団体が集まった沖縄県那覇市で、それぞれの生活状況が違うなかでの復興支援の困難さを訴え、一定の決断も必要であると発言している。復興支援というテーマは被災地に限定されるものではなく、被災地で築いた絆をベースに進次郎は全国発進し、政治家としてよりダイナミックな運動体に発展させていく。ここがボランティアと政治家の違いであり、そのために渾身の行動をもって、被災地と固い絆を結んだと言っていいだろう。

こう書くと、いかにも計算ずくのように誤解されそうだが、これは進次郎の人間性に根ざすもので、計算だけでこの努力はできまい。

総選挙の演説で福島県相馬市に行ったときの、こんなエピソードを同行ルポは伝えている。

《地元のおばちゃんたちがおにぎりと豚汁を用意してくれていた。進次郎は「旨い、旨い」とマイクを通して言う。ただ、次の遊説地へ移動しなくてはならず時間がない。そこで彼が、

「じゃあこれ、車の中で食べるから持ってってていいですか」

と言うと、どっと沸いて盛りあがるのだ。普通の政治家なら二、三口食べて「ごめんなさい、時間が無いから」と言い訳がましくなるが、進次郎はまったく別の行動を取る。彼がやるとわざとらしさが見えないところもいい。そこでファンがまた増加するのだ》（『プレジデント』２０１５年5月4日号／常井健一）

行動に裏打ちされた誠意は人気を生み、人気の上にさらに誠意を重ねることで信頼になっていく。「誠意は行動でしか示すことができない」とはそういう意味であり、この普遍の事実を、進次郎はあらためて私たちに見せつけるのだ。

先手15

聴衆の中の「あなた」に話しかける。一対一の関係性において人は耳を貸す。

対立軸を設定し、

「是か非か」

と、短いセンテンスを畳みかけるように繰り返して有権者に迫る。

これが父・純一郎の演説だ。

「自民党をぶっ壊す！」

「聖域なき構造改革！」

「改革なくして成長なし！」

これらのフレーズは流行語にもなった。

週刊誌の見出しのようなもので、惹句《フレーズ》の繰り返しで有権者の心をつかむ手法を、メディアは「劇場型」と揶揄したが、純一郎の圧倒的人気がこの演説にあったことは周知のとおりだ。

進次郎は父親の演説を徹底研究している。ビデオを見るのはもちろん、初めて全国遊説するとき、アイポッドで純一郎の演説を聴いている。

「与党に戻る最短の道は、野党の道を究めることだ」

「政権交代が起きたのは、民主党が強い野党だったからだ」

「わたしたちも強い野党にならなければならない」

この言葉は、自民党が下野していた二〇一〇年七月三日、進次郎が東京・中野区のＪＲ中野駅前で訴えたものだが、

「何を言わんとしているのか」

という主張がわかりやすく、聴衆の耳にスーッと入っていく。

「わかりやすい」は演説やスピーチだけでなく、説明、解説、プレゼン、交渉など会話のキモで、水が川上から川下に流れていくように、聞き手に淀みなく伝わらなければならない。そのためには、センテンスを短くすることだ。短いセンテンスで主張の一つひとつを完結させることで、聞き手はあたかもレンガを積み上げるようにして内

容を理解していく。

「つまり」

「ですから」

「要するに」

とセンテンスをつないでいく演説は、内容が伝わりにくいだけでなく、

「こいつ、何を言いたいんだ？」

と聴衆をイラつかせ、逆効果にさえなってしまうのだ。

父・純一郎は、

「取材で一分話せば、実際の映像でどこを切り取られるかわからない。十秒で答えればそこだけ使われる」

という言葉を残しているが、進次郎はこれを参考にして、演説も、取材も、国会質問も、意識して「短いセンテンス」を用いていると言っていいだろう。

進次郎は〝ワンセンテンスの完結〟を積み重ねることで、腑に落ちた理解と強烈なインパクトを聴衆に与えることができるのだ。

そして――ここがまさに進次郎の非凡なところだが、父の模倣であれば、父を超えることはできない。

地元選挙区では「父親の純一郎より演説がうまい」とまで言われている。純一郎の演説は聴衆を引きつけはするが、それはフレーズのインパクトや、力強い声のトーンによるものであって、内容そのものは堅くてつまらないというわけだ。これに対して進次郎は、純一郎の演説手法を踏襲しながら、ちょっとした身近な話題を振るなど、「聴く」ということに対する興味を喚起し、本題に引き込んでいく。

こうした努力が、進次郎の特長である〝つかみ〟のうまさにつながっていくのだ。

それともう一つ、聴衆を引きつける手法として見落としてはならないのが、

「ときおり特定の人間に向けて話しかける」

ということだ。

たとえば、二〇一三年七月の参議院選挙。佐賀県佐賀市の戸ヶ里漁港に街頭演説に入った進次郎は、こう語りかけた。

「朝早くから、こがー集まってもろうて、ありがとうございます！　今回、私は人が

少ないところに行っているんです。お母さん、今、佐賀も人が少ないからと思ったでしょう。そんなことはないです。私がいままで歩いたところに比べれば、こんなに多く集まっていただいている」

「こがー集まってもろうて」

と、方言で口火を切るのは進次郎の定番で、聴衆はそこに関心が引きつけられているが、ポイントはそのあとに続く、

「お母さん、いま、佐賀も人が少ないからと思ったでしょう」

と、特定の人間に語りかけたことだ。

これによって他の聴衆は、「次は、自分に語りかけられるかもしれない」と、無意識の緊張感をもって進次郎を見る。進次郎が次に何をしゃべるか、必然的に神経を集中させることになる。

あるいは、二〇一二年暮れの衆議院総選挙で、進次郎が北海道八区の応援演説で函館に入った話は前項ですでに紹介したが、二十年前に甚大な津波被害を受けた奥尻島からの参加者に、個人名を出して、

「今日はわざわざ奥尻から来てくださいました」

と呼びかけ、

「復興の二文字がどれだけ長く険しい道だったか」

語りかける。

これも、先の例と同様、「次は、自分に語りかけられるかもしれない」という無意識の集中力を喚起することになる。

優秀なビジネスマンは、たとえばプレゼンをする際、この手法を用いている。私の知人で、広告代理店営業マンは、プレゼンの途中で、役職としては中位の人間を名指しで、

「そこで、質問ですが、○○についてどう思われますか？」

と問いかける。

話を振られた当人は、上司を意識して緊張するのは当然としても、他の人間もまた、次は自分が問いかけられるかもしれないと思い、もっと緊張するのだと言う。その結果、プレゼンに集中するだけでなく、

「意地悪な質問をされて、上司の前で恥をかきたくない」

という防衛意識が働くため、プレゼンターと良好な関係を築こうとする。

「だから、彼らはヘタなツッコミはしてこなくなります」

と知人は笑う。

私は空手道場「昇空館」を主宰しているが、子どもたちを指導するとき、やはりこの〝進次郎流〟を用いている。

全員に注意しつつ、話を途中で切って、

「いま注意されたことを復唱してみなさい」

と名指しすれば、「次は自分かも」と全員が緊張し、私の話を聞き漏らすまいと集中することになるのだ。

先手16

「一票」なき子どもにも真摯な態度で接する。打算は〝馬脚〟となるを知れ。

進次郎という人間を探っていくと、「配慮」という言葉に行きつく。配慮――すなわち「相手のことを思いやる」という処し方が、結果として人望となる。人望は集票につながり、集票は政治家としての進次郎の立場をより強固にし、発言力と発信力を高めていく。政界に限らず、ビジネス界においても、人間関係はすべては人望がベースになるため、「配慮」こそ〝最強の武器〟なのだ。

だが「配慮」は、その効果が具体的な形として見えづらいため、どうしてもおざなりになってしまう。だから、政治家の多くは誠意をもって有権者に迎えられることが少ない。進次郎がこのことをどこまで意識しているのかわからないが、〝進次郎人気〟は、彼の「配慮」にその一因がある。

進次郎の配慮を象徴するのが国会質問だ。ほとんどの質問者がパネル（フリップ）

を用意し、それをテレビカメラに写るようにして質問する。国民にわかりやすくするための配慮で、進次郎もそうしていたが、二〇一三年二月十二日、自民党が政権与党に返り咲いた衆院予算委員会で、質問に立った進次郎はパネルをいっさい使用しなかった。

その理由について、進次郎はこう語っている。

《テレビを見ている人の中には、目が不自由な人もいる。その人たちはパネルを見ることができない。当然、ラジオを聞いている人たちもパネルを見ることができない。パネルを使った質疑は、そういう方たちに対して失礼です》(『小泉純一郎・進次郎秘録』大下英治／イースト新書)

国会質問はすべての人にわかりやすくあるべきで、パネルの使用は、目が不自由な人を念頭に置いていないということにおいて〝切り捨て〟であり、不平等であるということになる。パネルは、使用しないことこそ、本当の意味で「配慮」というのが進次郎の考え方だ。パネルを使用しないのは手抜きではなく、配慮であることを知れば、誰だって進次郎に誠意を見ることだろう。

かねて指摘されることだが、進次郎の子どもたちへの接し方にも配慮が見られる。子どもたちは「一票」を持っているわけではない。政治家の多くはおざなりに接するものだが、進次郎は真摯に応対する。

たとえば二〇一四年、進次郎は福島県双葉郡広野町の中学校を訪れ、中学生たちを前にこんな〝謝罪スピーチ〟をする。

《今日、僕は、みなさんに謝りにきました。いま、僕たちは、『ふたば未来学園高校』をつくるために力を尽くしていますが、そのために、みんなには引っ越しをしてもらわなければならなかった。本当に申し訳ない。だけど、みんながそれを受け入れてくれたことを、僕たちはけっして無駄にはしない。頑張って、必ずみなさんが入学したいと思えるような学校をつくります》（『女性自身』２０１５年5月19日号）

そして、頭を下げるのだ。

『ふたば未来学園高校』は、東日本大震災を契機として、二〇一五年四月に新設された県立高校だ。震災で高校生の数が激減したため、教育の建て直しを図ったもので、進次郎はこれに尽力してきた。『ふたば未来学園高校』の校舎が完成するまで、地元・広野中学を仮校舎として使用するため、同校の生徒たちは広野小学校に統合されて引っ越すことになった。進次郎は、このことを謝罪に訪れたのである。

県が進める事業だ。謝罪する必要はないと言えば、そうだろう。それでも進次郎は中学生たちの気持ちに配慮した。移転について、生徒たちから不満の声は起こらなかった。自分たちの与り知らないところで移転話が進み、問答無用で強制されたなら、生徒たちの目には大人の身勝手と映り、心に傷を残したことだろう。

政治家の視点からすれば、選挙権を持たない子どもにいくら配慮しても「一票」には直接つながらない。だが、子どもをとりまく親と地域、さらに進次郎の活動と誠意を広く国民が知ることによって、人望は自然と高まっていくのだ。

進次郎と田中角栄は、それぞれの時代を代表する人気政治家だが、角栄人気は政治家の従来の手法――地元への利益誘導によるものとの批判がある。これに対して進次郎のそれは、利益誘導とは無縁とされる。

たとえば東日本大震災の被災地に寄り添い、被災者の声を国会で代言しているように、「国民の関心を国政の場に誘導することが期待されている」とする。

一方の角栄は橋を架けたり道路をつくったり、インフラ整備として地元に利益誘導をした。その手法の是非は問われるとしても、角栄は、進次郎がいみじくも言ったように、地元民の切なる願いを政治の場で代弁したものではなかったか。

「三国峠をダイナマイトで吹っ飛ばすのであります。そうしますと、日本海の季節風は太平洋側に吹き抜けて越後（新潟）に雪は降らなくなる！」

という、よく知られた角栄の演説は、一九四六年四月、郷里の新潟から国政に初出馬したときのものだが、ここに「地元民を思いやる」という角栄の原点を見る。

だからこそ一九八三年十月、ロッキード事件で東京地方裁判所から懲役四年実刑判決（即日控訴）を受けながら、翌々月の衆議院議員選挙で、二十二万票という圧倒的支持を集めて当選する。利益誘導によって獲得できる数字ではなく、角栄の人徳のなせるワザと言っていいだろう。

政治手法はまるっきり違ってはいても、有権者の共感を呼び込む力において、進次郎と角栄は傑出しているということなのだ。

第3章

可愛がられる謙虚力

先手17

出会いは一期一会の真剣勝負と心得る。相手の名前を脳裡《のうり》に刷り込む。

進次郎は、一度会った人の顔を忘れないと言われる。

再会したときに、

「○○さん——」

と、相手の名前で呼ぶからだ。

地元後援者はもちろん、東日本大震災の被災者、メディアの人間など、多くの人がこのことを口にし、感心している。

地元横須賀で開かれた女性のつどいでは、「笑顔で握手してくれた方」「玄関から走り出してきて手を振ってくれた方」……と女性支援者を一人ひとり指差しながら、思い出を語る。

あるいは、横須賀の有権者が旅行先の九州で進次郎と偶然、行き会ったとき、

「あっ、○○さん！」

と、進次郎に話しかけられ、

（一回しか会っていないのに、私のことを覚えてる！）

心底、感動した——といったエピソードもメディアで語られている。

被災地では、幼子を抱いた二年前の自分の写真を見せられ、

「まさか、あの時、抱っこした子だなんて」

と、感慨深げに語ったり、仮設住宅を再訪したときは、一度しか会ったことのない年配者であるにもかかわらず、前回に訪ねたときの会話の内容を踏まえて語りかけ、同行した関係者を驚かせている。みずから自民党の〝人寄せパンダ〟と言うように、進次郎が一日に会う人の数は何十人、ときには何百人にもなるだろう。それにもかかわらず、一度会った人を覚えている。相手がファンにならないわけがない。

意地悪く言えば、覚えているふりをしている場合もあるだろう。

「お久しぶりです。二年前にお会いした○○です」

相手に話しかけられて、

「あれから二年ですか。早いものですねぇ。〇〇さん、ずいぶん血色がよくなりましたね」

と受ければ、たとえ進次郎に記憶がなくても、相手は自分のことを覚えていてくれるものと思う。そんなケースもあるのだろうが、心すべきポイントは、「あなたのことを覚えていますよ」というメッセージが相手の心をつかむということだ。この心理を熟知し、実践しているところに、若いながらも人間心理に通じた進次郎の非凡さが見て取れる。

握手するとき、両手で相手の手を力強く握り、自分をアピールするのは政治家の基本だが、進次郎はこれに加えて、しっかりと相手の目を見る。誠実さのアピールだけでなく、相手の印象を脳裡に焼き付けようとしているのだろう。

取材記者に接する態度も同じで、

「名前を覚えていて、次に会ったときに名前で呼ぶ」

「顔を覚えられて、悪い気はしない」

といった記者の感想がメディアに掲載されているが、記者のウケがいいのは、「覚えている＝私に関心を持ってくれている」ということにある。

政治評論家の浅川博忠氏が、『週刊現代』にこんなコメントを寄せている。

《今年1月下旬、家内が横浜で開かれた茶道関係の新年会に出たんです。進次郎君もその会に顔を出したようで、先日、彼と会った時、日ごろ多くの人と会話を交わしているはずなのに、「そういえばお茶の会合で奥さんにお目にかかりましたよ」と言われ、ビックリしました。国会議員として人間関係を構築するためには記憶力が重要ですが、進次郎君はそれを持っています》（２０１０年6月26日号）

田中角栄は深夜に起きると、『国会便覧』や『政官要覧』で政治家や官僚に関するデータを頭に叩き込んでいた。学歴や経歴はもちろん、〝調査ファイル〟をもとに趣味から干支からゴルフのハンデまで、あらゆるデータを暗記しておいて、

「娘さん、今年が成人式だな」

と、会ったときに言えば、相手は「そこまで知ってくれているのか」と感激する。

相手を知ることは戦略上、欠くべからざるものだが、同時に人心掌握において強力な武器にもなる。

「暗記教育は古く、くだらないという人があるが、暗記は教育のなかで一番大切なことの一つだと私は信じている」

とは角栄の名言の一つだが、きっと進次郎は自分流の〝アヒルの水かき〟をやっているのだろう。

そして進次郎のコミュニケーション術の基本は、「相手の名前を口にすること」にある。

名刺交換すれば、相手の名前を口にして、

「珍しい名字ですね」

「ご出身は？」

と、本題に入る前に〝助走〟し、良好な関係を築くことに特徴がある。

だから、サービス業では、積極的に相手の名前を口にする。

飛行機のビジネスクラスに乗れば、

「〇〇様、本日はご搭乗、誠にありがとうございます」

と、キャビンアテンダントは客の名前を口にして言う。

あるいは、気のきいたレストランに予約して行くと、

「○○様、お待ち申しておりました」

と客の名前を言う。

個人名を口にして「ありがとうございます」「お待ち申しておりました」と言うことによって、「あなたに感謝」「あなたを待っていた」と、「あなた」が強調されるため、相手は特別扱いされたような気分になるのだ。

自己啓発書などで世界的に知られるデール・カーネギーは、自著『人を動かす』のなかで、「名前は当人にとって最も快い、最も大切な響きを持つ言葉である」と名前を覚えることの重要性を説いている。進次郎はこのことを意識しているはずで、各種会議で司会や議長を務めるときは必ず、

「いま、○○さんはこうおっしゃいましたが」

「××さんの意見では」

と、発言者の名前を口にする。

誰が発言したのか出席者は全員が承知しているのだから、わざわざ「○○さんは」

「××さんは」と名前を呼ぶ必要はない。名前を出すのは、発言者に対して「これこのとおり、私はあなたの発言に耳を傾けていますよ」というメッセージであり、このメッセージを受け取った発言者は、進次郎に好印象をいだくことになるのだ。

先手18
謙虚と礼儀正しさに陰日向《かげひなた》なし。出る杭《くい》は、頭を叩かれてはならない。

「礼儀」は、これからのし上がっていこうとする人間にとって、必携の〝武器〟だ。若い世代は特にそうだ。

ところが多くの人はこのことを知らず、自分を大きく見せることで世間を渡っていこうとする。背伸びをし、能力や人脈を誇張してひけらかし、得意になっているのは当人だけで、周囲の目には傲慢で不遜に映っていることに気がつかないでいる。だからチャンスに恵まれても、〝出る杭〟になった瞬間、寄ってたかって打ち込まれてしまい、結局、のし上がっていくことはできなくなってしまう。

一方、礼儀正しい人間はどうか。

上の人間の気分をよくさせる心得を身に付けている。〝出る杭〟になっても、上の人間をずっと上位にかつぎ続けているため、〝出る杭〟になっていることに周囲は気づかない。こうして少しずつ頭を出していって〝出過ぎた杭〟になれば、もはや打たれることはない。これからのし上がっていこうとする人間にとって、「礼儀」が必携である理由が、おわかりいただけるだろう。

政界は、人気と知名度が一票につながる。政治家は一票をテコに当選回数を重ねつつ、首相の座を頂点とする権力の階段を上っていく。下の人間は上の人間の寝首を掻こうとし、上の人間は鵜の目鷹の目で〝出る杭〟を探し、モグラ叩きのようにしてつぶしていく。

ところが、進次郎は「人寄せパンダ」と自称するほどの人気者であるにもかかわらず、嫉妬もされなければ、打たれることもない。小泉純一郎元首相の息子で、内閣府大臣政務官兼復興大臣政務官、自民党青年局長などを歴任し、二〇一五年には三十四歳の若さで自民党農林部会長という要職に抜擢されている。嫉妬どころか、先を越された先輩議員は憎悪の対象であるにもかかわらず、そうはならない。

謙虚で、礼儀正しいからだ。

そんな進次郎を評して、自民党国対委員長代理だった浜田靖一衆議院議員は、

「予算委員会の質問を頼むと、『私でいいんですか。先輩でやりたい人はいませんか？』と必ず聞く」

と、コメントしている。

当時、自民党は下野しており、メディアの注目を浴びる機会がなくなっていた。自民党議員にしてみれば、テレビ中継が入る予算委員会の質問に立つのは自分をアピールする絶好のチャンスで、奪い合うようにしていた。自民党としては、人気の進次郎に質問させることでメディアの関心を引こうとしたのだろうが、進次郎は謙虚な態度で先輩に譲るのだ。当然、このことは先輩たちの耳に入り、

「進次郎はいいヤツだな」

ということになる。

礼儀と言えば、こんなエピソードが語られている。

進次郎が初当選した翌二〇一〇年四月九日、進次郎は安保委員会で質問に立つことになり、

「ぜひ、ご教授をお願いします」

と、自民党政務調査会の田村重信氏にレクチャーを依頼した。

田村氏が資料をそろえ、説明に議員会館に行こうとしたところ、「国会議員」である進次郎のほうから、わざわざ出向いて来た。こうしたことが二度ほどあった。国会議員が足を運ぶのは異例で、「お願いした自分のほうから出向く」という進次郎の礼儀正しさとして語られ、エピソードとして活字になることでも「進次郎＝礼儀正しい」という世評はさらに高まっていくのだ。

進次郎が慶應義塾大学で開催された「日本論語研究会」に講師として招かれ、

「数ある講師のなかでも、最も孔子について知らない私です」

と挨拶したエピソードはすでに紹介したが、これは田村氏が依頼したものだ。田村氏は日本論語研究会の代表幹事を務めており、進次郎の人格と政治家としての器量を

見込み、論語を学ぶことを勧めたのである。

進次郎は与野党を問わず、また議員と秘書、党職員とを問わず、きちんと挨拶をする。その礼儀正しさは定評があるが、戦略なき礼儀正しさは子どものもので、ただの〝いい子〟に過ぎない。野心ある人間は、それをスプリングボードとして、〝出過ぎた杭〟を目指す。政治家で、首相になることを目標にしない人間はいない。首相となって一国の采配を振るってみたく思わないような人間は、政治家失格と言ってよい。

「敵をつくるな」

と、田中角栄が喝破したように、権力の階段を上がる途中で最大の障害物になるのが敵である。ライバルや政敵だけでなく、嫌われれば足を引っ張られる。〝出る杭〟になれば、目上や先輩は嫉妬という金槌で潰しにかかる。

だが、礼儀正しい人間は嫌われない。〝出る杭〟であっても、目上や先輩は金槌を振り下ろすことをためらう。そのうち気がついたら〝出過ぎた杭〟に成長していて、もはや叩くことはできなくなる。

進次郎の礼儀正しさは人格によるものとしても、クレバーな彼が、ただの〝いい子〟であるはずがない。政治家として、したたかな戦略があるのだ。

先手19 目上の懐に臆せず飛び込む。人間関係は理屈でなく、感情で決まる。

部下は上司の足にしがみつくことで出世していく。

これが組織の実相であり、スキルも、人間関係もすべて、この構図において発揮されるものだ。出世競争はスポーツ競技と違って、仕事の能力にすぐれた者が勝つとは限らない。どんなに優秀であろうとも、上司に嫌われれば冷やメシを食わされるし、凡庸であっても、上司のおぼえめでたければ出世する。出世競争とは、煎じ詰めれば人間関係をめぐる争いであり、これをもって能力という。

田中角栄も、〝陣笠代議士〟の時代は、自民党幹事長の広川弘禅の足にしがみついた。広川が春画収集を密やかな趣味にしていると知るや、春画のプレゼント攻勢をかけ、気に入られた角栄はやがて法務政務次官に抜擢される。広川の足にしがみつくことで保守本流の足がかりをつくった角栄は、次いで佐藤栄作総理に尽くし、福田赳夫と〝仁義なき権力闘争〟の末、総理の椅子を勝ち取る。

進次郎も実力者に可愛がられている。意識して足にしがみついているのか、自然体で接した結果に過ぎないのかはわらないが、いずれにせよ、クレバーな人間は決して足にしがみついているとは年長者に思わせないのだ。

まず、自民党の重鎮で、衆議院議長の大島理森だ。

「先輩、何かいい本ありませんか」

と尋ね、

「お前にはこれを勧めるよ」

と本を紹介される。

あるいは逆に、

「これ、面白い本ですから読んでください」

と本を渡す。

進次郎は付き合いのある萩本欽一の『ばんざい　またね』（ポプラ社）をプレゼントして、大島が「進次郎からもらったんだ」と嬉しそうに話していたと週刊誌記事に書かれたりしている。政界屈指の読書家と知られる進次郎は、自分のそんな評判を知ってのことだろう。「本」を媒介として重鎮の大島と親しい関係を構築している。「何かいい本ありませんか」――といった当たり障りのない頼みごとだから、大島も気安く応対する。だが、進次郎からすれば、大島にそうと気づかせないだけで、その足にしっかりとしがみついていることになる。もちろん進次郎が意識してそうしているかどうかはわからないが、客観的な構図はそういうことなのだ。

あるいは二〇一〇年三月、自民党の実力者・石破茂の地元である鳥取県知事選挙で応援演説に入ったとき、

「税制を勉強したいんですけど、何を勉強したらいいですか？」

と問いかけている。

当時、自民党政調会長だった石破は、持参していた『抜本的税制改革と消費税』（森信茂樹／大蔵財務協会）を見せて、

「これが、スタンダードな入門書だと思うよ」

と紹介。進次郎は書名をメモしながら、

「じゃあ、ぼく、それ読みます」

と返事をしたという。

ちなみにこの夜、石破と進次郎は鳥取から岡山に出て夜行特急に乗り換え、帰京する予定になっていた。進次郎は自民党の派遣なので、党がいち早くA寝台を押さえていたが、石破は手配が遅れたためB寝台しか取れなかった。

それを知った進次郎は、

「そんなバカな。政調会長はA寝台に決まっているじゃないですか」

と言って寝台を代わったのである。このとき進次郎は初当選してわずか八カ月後。二十八歳の青年だった。石破の目にこの新人議員がどう映ったかは言うまでもないだろう。

進次郎は石破が地方創世担当大臣のとき、政務官を務めているが、選挙演説で自己紹介するとき、「石破大臣の下で地方創世担当政務官を務めている小泉進次郎です」

と言った。「石破大臣の下」は余計で、石破を立てていることがわかる。これまた、石破にしてみれば、進次郎のことが可愛くないわけがないだろう。

こうした例をあげれば切りがない。進次郎が自民党青年局長だった当時、上司に当たる組織運動本部長・竹下亘衆議院議員に、ある会合でこう語りかけている。

「竹下先生に『組織しながら選挙する。選挙しながら組織する』『汗は自分でかきましょう。手柄は他人にあげましょう』という名言があります。僕もそういうことができる政治家を目指しているんです」

言うまでもなく、進次郎が口にした「竹下先生」とは竹下登元総理で、竹下亘議員はその弟である。推測だが、事前に竹下登のことを調べ、こう言おうと用意していたのではないだろうか。弟としては、〝人気〟の進次郎にこう言われて悪い気はしなかっただろう。

是々非々で、身内の自民党に対しても、ときに舌鋒鋭く批判する進次郎だが、決して〝根まわし〟と無縁というわけではない。そういう意味ではしたたかで、したたかは有能の証でもある。

『東洋経済』にこんな記事がある。

《「進次郎がよく電話をよこすんだ」。自民党農林族の重鎮は喜びを隠さない。400人以上いる党所属国会議員の中で最も若い部類でありながら、大企業でいう課長級の「農林部会長」を任されているのが、34歳の小泉進次郎衆議院議員だ。

彼は就任が内定した直後から農林族の重鎮を訪ね、同僚議員にも教えない自身の携帯番号を伝えるなど懐に入る作戦に出た。事あるたびに「先輩、教えてください」と請う。そして重鎮たちは小泉氏の部会運営を温かい眼差しで見守るようになった。〝ジジ殺し〟の本領発揮だ》(2016年3月19日号)

〝ジジ殺し〟を職責をまっとうするための〝根まわし〟とするなら、政治家としてしたたかな一面を垣間見せたということになるだろう。

自民党元副総裁の山崎拓は、加藤紘一、小泉純一郎とともに頭文字を取ってYKKと呼ばれ、〝小泉改革〟を支えた。その山崎が、ジャーナリスト・横田由美子氏のインタビューに答えて、進次郎をこんなふうに評している。

《存在感は間違いなくありますね。少なくとも、ネコではない。すでに、単なるネコよりはずっと強い。とはいえ、トラやライオン、クマといったレベルにはまだ達していません。強さで言うとイノシシくらいでしょうか（笑）。彼は頭も良く、猪突猛進というタイプではありませんけれど》（『週刊現代』２０１6年8月13日号）

盟友であった小泉純一郎の子息というリップサービスはあるのだろうが、山崎はポスト安倍候補の一人である岸田文雄外務大臣について、「まだ『借りてきたネコ』のような印象しかない」と語った上での進次郎評である。進次郎は確実に権力の階段を上りつつあるのだ。

先手20

〝雑巾がけ〟を当たり前と考える。理不尽は成長の糧と喜べ。

謙虚と礼儀正しさで嫉妬を回避しているとはいえ、それだけで誰もが笑顔で接するものだろうか。進次郎の評判のよさは誰もが口をそろえるが、それゆえ、やはり嫉妬が気になる。笑顔の下にいろんな思いを隠しているのが大人社会なのである。
時事通信社特別解説委員の田崎史郎氏も思いは同じのようで、
《人気がある方は、概してほかの国会議員から陰口を叩かれるものなんですけれども、小泉さんは上の方も含めて非常に評判がいいですよね》
とインタビューで水を向け、
《一つはやっぱり、非常に真面目で、よく勉強している。政務調査会の各部会にもよく出られるし、国会対策委員会の仕事もしっかりやっているという話を聞くんですが、自分で何か律していることがあるんですか》（『文藝春秋』２０１０年12月号）
と婉曲に問いかけている。
謙虚と礼儀正しさだけのほかに、対人関係において何か自分を律していることがあるのか——という問いと受け取っていいだろう。
これに対して進次郎の答えが面白い。
「自分の身についているのが体育会系なんですよね。元高校球児。野球を小学校から高校までずっとやっていたものですから、新しい世界に行って、経験もない男が出しゃばるということ自体、あまり慣れていないんです。まずはその中に入って、下積みでも、雑巾がけでも、上から言われることをやり、そういう中で与えられたチャンスをこなしていくことが自分の役割だと」

一歩退くを心がけているということだ。自身の口からはもちろん言わないが、だから私は嫌われにくいのではないか——と言外に語っている。

初当選直後、進次郎は秘書も連れず、議員会館の全議員の部屋を一人で訪ね、

「初当選した小泉進次郎と申します」

と挨拶してまわっている。

前代未聞のことで、礼儀正しさと謙虚さには誰もが驚き、感心したという。私たちであれば、いい子ぶって見られるのではないかと躊躇するが、体育会育ちの進次郎にしてみれば、新人が先輩のところに挨拶に回るのは当たり前のことだったのだろう。そこにテレも計算もないからこそ、先輩議員は進次郎の礼儀正しさを素直に受け容れるのだ。

前項で紹介したように、予算委員会の質問を進次郎に頼むと、

「私でいいんですか。先輩でやりたい人はいませんか？」

と必ず聞くと浜田靖一議員が語り、謙虚さを誉めているが、これは見立てがいささか違うのではないか。謙虚と言うよりも、先輩を差し置いて出しゃばるのは体育会系では御法度《ごはっと》とされ、進次郎の無意識の処し方になっていると考えたほうが当たっているだろう。

実際、体育会で揉まれたことが、政治家となった自分にとても役に立っていると、進次郎自身が語っている。父・純一郎がアマチュアの軟式野球チーム『コイズミ・ベースボールクラブ』のオーナーだったことから、進次郎は小学二年で野球を始め、関東学院六浦中学校、関東学院六浦高校で〝野球漬け〟の生活を送る。高校時代は内野手として活躍し、三年のときには副主将を務めた。甲子園出場の夢は果たせなかったが、三年時の夏の神奈川県大会ではベスト16入りをしている。

では、その野球部での生活が、現在にどう活きているのか。

以下、進次郎の肉声を抜粋しよう。政治の世界だけでなく、組織における処し方の至言が詰まっている。紹介するスピーチは、二〇一〇年四月十四日、前項で紹介した自民党政務調査会の田村重信氏に招かれ、慶応義塾大学で開催された日本論語研究会でのものだ。初当選から八カ月後、二十八歳の進次郎が本音で語った「伝説のスピーチ」である。

「私が政治家になる前、自分の人生の中で大きかったことの一つは、野球をやっていたことです。

なぜ政治とスポーツが関係あるのか、そう思う方もいらっしゃるかもしれません。でも私は本当に、野球をやっていなかったらいまの自分はなかったと思っています。

その一つの理由は、体育会系独特の上下関係です。特に野球部というのは、運動部の中でも、体育会系の中でもちょっと特殊です。徹底した上下関係。先輩が言ったことは、たとえ間違っていても『はい』と言わなければならない。新人として1年生で入ったときに、高校三年生の先輩から、たとえば『腰、マッサージして』とかそんなこと言われても、もちろん『わかりました』」

この理不尽な先輩の命令をどう受け止めるか。普通なら不満をいだく。だが進次郎は「ありがたい」と感謝している。先輩と仲よくなれるチャンス——そう受け止めているのだ。

「それが理不尽な要求であろうと、あの上下関係で耐え抜いてきたというか、あの上下関係を学んできたということは、私は政治の世界にまだ半年ちょっとですけれども、体育会系で生きていなかったら、いろんな悩み、また理不尽な感じに対して、もっとストレスを感じていることが多かっただろうと思うんです。

政治の世界も体育会系に似ているところがあるんです。『これ、どう見たって白でしょう？』というものを、先輩から『黒だ！』と言われたり、いろいろありますよ。特に私はあります。自民党のなかでたった一人の二〇代で最年少ですから」

そして、自民党にも「汗をかいてなんぼ」という体育会系の部分があり、自分は利用されようが、使い捨てにされようが、「利用したいと思われることは、私は政治家としてありがたい」と言い切り、

「政治の世界ですから、正直きれい事ばかりじゃないです。利用されることもあれば、利用することもある。利用されるときは、それをわかって利用されればいいじゃないですか」

とポジティブに考えて本気で汗をかく。

「私みたいな若造にいろんな物事を、しかも新人の私にとってはちょっと過分なぐらいいろんな役割と仕事を与えてくれている。それを頼まれて嫌な顔をするわけないじゃないですか」

そんな進次郎に感謝こそすれ、嫉妬する議員などいるわけがないだろう。損得を考えず、「みんなのために汗をかく」「汗をかかせてもらうこと自体がありがたい」「どうぞ利用するならしてください」と本気で思って行動する人間に人望は集まるのだ。

先手21

常在戦場で選挙に遅れを取らず。地元愛なくして国家を語る資格なし。

選挙に強いかどうか、政治家の力量はここで決まる。

どんなに有能であっても、落選すれば〝ただの人〟。役者と同じで、舞台に上がることができなければ、演じることはできず、一介の観客と同じになってしまう。そういう意味で、政治家にとって選挙こそ「力の源泉」ということになる。

進次郎は選挙に強い。圧倒的だ。二度目となった二〇一二年十二月十六日の衆議院議員総選挙の得票率は実に79・9パーセント。開票から三分で「当確」が出た。しかも、自民党の〝人寄せパンダ〟である進次郎は、応援演説に全国を飛びまわり、自身の選挙区・神奈川十一区に入ったのはわずか三日だけ。それでも、ほとんどの票をかっさらってしまうのだから、選挙地盤は盤石であり、これが進次郎の政治家としての力の源泉になっている。

だが、父・純一郎の跡を継いで初出馬した二〇〇九年八月の総選挙は、苦しい選挙戦だった。自民党に大逆風が吹き荒れ、しかも世襲議員が批判のヤリ玉にあげられた。自民党候補で世襲の進次郎が、選挙演説中にペットボトルを投げつけられた〝ペットボトル事件〟は、すでに紹介したとおりだ。

それでも、父から受け継いだ強固な地盤と後援会をバックに得票率57・7パーセントで初当選を果たすが、政治家は進次郎で四代目という小泉家の歴史からすれば、かろうじて過半数当選というのは屈辱であったはずだ。小泉家は代々、横須賀を地盤とする政治家の家系だ。進次郎の曽祖父・又次郎は逓信大臣、祖父・純也は防衛庁長官、そして父・純一郎は首相の座に登りつめた。名門の小泉家からすれば、選挙演説中にペットボトルを投げつけられるなど考えられないことだったろう。

進次郎の政治家としての原点は、初出馬の屈辱体験にある。政策の勉強はもちろん大事であるとしても、選挙区民の支持を得て当選しなければ何も始まらないことを、進次郎は骨身にしみてさとったのではないだろうか。

だから「次」に向け、初出馬で当選した直後から、時間を見つけて地元の横須賀へ帰っては選挙区をくまなく歩き、イベントに顔を出す。イベントとひと口に言っても、花火大会から盆踊り、運動会、敬老会、慰霊祭、さらに忘年会に新年会など目白押しだ。しかも、盆踊りや運動会、敬老会など地区ごとに催される。あっちの町会には顔を出して、こっちには欠席するということになれば反感を買う。イベントに顔を出すということは、政治家が自分を売り込むだけでなく、主催者の顔を立てることでもある。

政治家が何をしゃべったかは関係ない。どのくらいイベント会場にいたかも関係ない。「わざわざ顔を出した」ということが大事なのだ。むしろ滞在が短ければ、「それほど忙しいにもかかわらず、駆けつけてくれた」ということになり、評判はあがるのだ。

しかも、地元行事ということは、議員と主催者の距離が近いだけに、議員が来るか来ないかは、主催者にとってメンツにもかかわる一大事だ。メンツをつぶせば、

「なんだ、あいつ。もう応援なんかするか」

ということにもなってしまう。

だから選挙区めぐりは大事であり、同時に身体がいくつあっても足りないほど多忙を極めることになるが、これをやりきれるかどうか、ここで勝負がつく。永田町用語の「金帰火来《きんきからい》」は、国会議員が、金曜の夜に地元の選挙区に帰り、週末に政治活動をして火曜に東京に戻ってくることを言うが、進次郎はこれに加え、少しでも時間があくと横須賀へ顔を出す。一日のうちに永田町と横須賀を三往復したこともあるとも言われる。

顔を出すだけでなく、

「どこからいらしたんです？」

「暑いなか、ありがとうございました」

と、進次郎は集まった人たちに気さくに声をかけて、感激もさせるのだ。

ジャーナリストの池上彰氏にどんな政治家になりたいと問われて、

「昔の政治家」

と進次郎は答えている。

子どもたちの範となり、「末は博士か大臣か」と呼ばれた時代の政治家で、それを目標にするからこそ、地元の行事に小まめに顔を出し、人々と触れ合っているのだとする。この姿勢に、「選挙目当てではない」とする進次郎の矜持が見て取れる。

父・純一郎は、選挙期間中であるなしに関わらず、地元に帰ってこないことで知られる。「変人」を自任し、地元も苦笑交じりでそれを受け容れた。政界での活躍は周知のことなので、「帰ってこない」はむしろ純一郎のウリでもあった。

進次郎は、父と正反対に徹底して地元に密着する。おそらく進次郎は、父を意識し、その反対の行動を取ることで、世襲というイメージと〝批判の糸〟を断ち切ろうとしたのではないだろうか。

事実、「純一郎さんと進次郎は真反対だね」という評価は地元では定着している。選挙区をくまなく歩くことは、選挙地盤を固めると同時に、世襲のイメージをも払拭する一石二鳥の効果をもたらしている。進次郎が意識してそうしているのか、それはわからないが、結果としてそうなっていることは注目すべきだろう。

国会議員が、天下国家を論じるのは大事なことだ。使命でもある。だが、繰り返すが、それは選挙に当選し、国政の場に送り出されてからのことだ。地元有権者の支持をいかにして取りつけるか。国会議員はここがスタートラインなのだ。時間を見つけては選挙区をくまなく歩き、笑顔で気さくに声をかける。この地道な努力があって初めて、〝進次郎人気〟は選挙区以外に波及していく。人気を得るのも努力であり、努力は決して裏切らないということを、進次郎の処し方に見る。

先手22

「父がいて、いまの自分」と謙虚に親子鷹。家族愛は心あたたまる無条件の称賛である。

進次郎は「世襲議員」と呼ばれなくなってきた。

初出馬のときは、世襲ということに対する批難の声は強かったが、その後の活躍と人気に〝親の七光り〟を見る人はいまい。若者のあいだでは、「小泉純一郎の息子が進次郎」ではなく、「進次郎の父親が、元首相の小泉純一郎」と言われるようになっている。世襲は見事に払拭されたと言っていいだろう。

だが、ここに到る過程において、進次郎が〝七光り〟を否定し、父・純一郎に対してネガティブなことを口にしていたらどうだったろうか。

たとえば、有名芸能人の二世がデビューするとき、

「父は父、私は私です」

と、親の〝七光り〟に反発して見せることがあるが、これと同様のセリフを進次郎

が口にしていたなら、「生意気だ」とか「自分の立ち位置がわかっていない」と世間は鼻で笑い、選挙区の後援者たちは嘆いたことだろう。

親や先人を否定し、否定の上に立って自己正当化を図るやり方は、義理や人情を重んじる日本人のメンタリティに反するのだ。剣道や茶道など芸事の世界では、修行の段階を「守・破・離」と説くように、まず師の技《わざ》や教えを学び（守）、やがてそこから離れて工夫をこらし（破）、最後に独自の新しいものを確立させる（離）。これは芸事の世界に限らず、人間関係のすべてについて言えることで、いかなる理由があろうとも、先人を否定して評価される人間はいない。

進次郎の感性は、この心理がよくわかっている。だから父・純一郎を悪く言うことも、〝七光り〟を否定することもなく、「守」徹し、父親に対する感謝の気持ちを積極的に発言する。

「父のことを言われて、それが嫌ということはないです」

「父があってこそ、いまの僕がある」

「なぜ、マスコミがこれだけ小泉進次郎に注目してくれるのかと考えたら、それは小泉純一郎抜きには語れません」

清々しいほどの言葉で、

「父は父、私は私」

と強がって見せることと比べてみれば、どちらの人格が評価されるか言うまでもないだろう。

進次郎は、父について、さらにこんなエピソードを披露する。

「中学生のとき、三者面談というのがあったんですよ。ぼくの親父が来てくれた。担任の先生が『お父さん、進次郎君が何か発言すれば、みんな聞く耳を持ちます。進次郎君にはもっとリーダーシップを発揮してもらいたいんです。そうすれば、クラスはもっとまとまるんですが、そういうところが進次郎君にはないんですよ』と言われました。

そのとき、親父がこう言ってくれたのを覚えています。『いや先生、それでいいんです。私も父親が政治家だったから進次郎の気持ちはよくわかります。何をやっても目立つ。だから、できる限り目立たないようにと、たぶん進次郎はそう思うんでしょう。私はその気持ちもわかりますから、進次郎はそれでいいと思います』と。親父は普段、忙しくてなかなか家にはいないけれども、『あ〜、よく見てくれているんだな』と胸が熱くなりました」

あるいは女性週刊誌の取材で、「なぜ政治家になったのか」と問われて、こんなふうに語る。

《明確に父の跡を継ぎたいと考えたのは大学生のときですね。01年、父が自民党の総裁選に出馬した。相手は、橋本龍太郎総理。数の論理が働く政治の世界では、ほとんど勝ち目はなかった。けれど、国民の力で、番狂わせが起きた。横浜駅の西口で見たこともないくらいの人があふれている光景。熱狂のなかで、国民が政治を変えることを望んだ。その、国民の力を目のあたりにして、政治はすごい、国民の力は国を動かすと思った》(『女性自身』2015年5月19日号)

当時、父・純一郎は多忙を極め、東京高輪の議員宿舎から地元に帰って来られるのは月に数回しかなく、

《あどけなき　子らの寝顔　見守りて　心やすらぐ　夜のひととき》

こんな短歌を詠んだ――とメディアに紹介されるなど、父と子の絆をめぐる愛情物語の様相を帯びている。

だが、進次郎はハッピーな家庭生活を送ったわけではない。進次郎が一歳のとき、両親が離婚。進次郎と兄の孝太郎は、小泉家（純一郎側）に引き取られ、以後、母親は進次郎たちと会うことはいっさい許されなかった。離婚の原因は明らかにされていないが、小泉家に入った進次郎の母親は〝家風〟に馴染めず、居場所がなかったからとも言われるが定かではない。ただ、幼いころの進次郎は、母の面影を探して、淋しそうな顔をしていたという。

進次郎は、離婚した父・純一郎に不満も恨みもなかったのだろうか。多感な少年時代、複雑な思いは当然あっただろうが、父子の関係にとってネガティブなことは話していない。そんな話は、決してプラスにならないと知っているからだろう。

このことから私たちが学ぶべきは、親、師、先輩、さらに先人たちについて語るときは、徹底して感謝と評価にとどめておくべきということだ。

「母がいなくなって、淋しい思いをしました」

「父を恨まなかったと言ったら、ウソになります」

と〝心情の吐露〟をすれば、

「進次郎さん、かわいそう」

と、同情を引きはするが、同情は〝高み〟からなされるということを忘れてはならない。これは政治家に限らないが、人望を得たければ、〝悲劇の主人公〟として同情されるのではなく、心あたたまるエピソードによって人の心をつかむこと。父・純一郎について語る進次郎に、そのことを改めて思うのだ。

先手23

意表をついて存在感を示す。自己演出も戦術の一つと割り切る。

辞を低くするだけの謙虚さは相手を尊大にしてしまう。

謙虚さは、相手の心をつかんでこそ意味があることを、進次郎は知っているのだろう。そのための方法の一つが「意表をついた謙虚さ」で、進次郎に次のような例がある。

二〇一五年、安倍政権は、三十四歳と若い進次郎を自民党農林部会長という要職に抜擢した。狙いは、ＴＰＰ（環太平洋経済連携協定）の推進である。最大の障壁となっている農家の説得役として、国民的人気の進次郎に〝火中の栗〟を拾わせようとしたのだ。

農家の説得の前に、〝農林族〟の理解を得なければ事は進まない。だが農業は自民党を支える重要な支持層であり、大票田だ。〝農林族〟は「このままでは次の選挙は戦えない」として安倍政権に迫る。従来の手法であれば、〝農林族〟はＴＰＰ対策を名目にして農業予算を獲得し、地元選挙区にバラまくことで理解を得る。ところが近年、こうした手法がメディアで批判される一方、無党派層が選挙結果に大きく影響するようになった。農家に対する優遇は無党派層の反発を招く。こうした状況のなかで進次郎は難しい舵取りをまかされたのである。

進次郎はどうしたか。

自民党本部大会議室で、海千山千の〝農林族〟を前に、部会長就任の挨拶に登壇すると、こう挨拶を切り出した。

「このたび農林部会長に就任した小泉進次郎です。一つ明らかなことがあります。この中で誰よりも農林の世界に詳しくありません」

この〝謙虚さ〟に、ベテラン族議員たちは驚き、平身低頭する進次郎に対して好感をいだき、「彼となら話ができる」——と前向きな姿勢になったと伝えられる。

では、なぜ進次郎は謙虚な態度で臨んだのか。

周知のとおり、父・純一郎は郵政民営化を断行して既得権益に切り込んだように、信念と行動力で〝変人〟と呼ばれた。ベテラン議員たちにの脳裡には、そのイメージが刷り込まれており、〝小泉の息子〟は、国民的人気をバックに何か仕掛けてくるのではないか、という警戒感は当然あった。

だから進次郎は、「自分がどう見られているか」「どういう言動をすれば〝族議員〟との摩擦が軽減できるか」ということを考えた末、

「この中で誰よりも農林の世界に詳しくありません」

と低姿勢で臨んだのだった。

是々非々を信条とし、ときに舌鋒鋭く迫る進次郎が、就任挨拶という初っ端《ぱな》に辞を低くして見せた。無用の摩擦を避けた戦略としか考えられまい。

さらにその翌月、農林族の重鎮が集まって、ＴＰＰ対策の大詰め協議が行われるのだが、その発表資料の表題をめぐって、進次郎とひと悶着起こる。部会長である進次郎が『農業新時代』を提案したところ、反対意見が相次ぎ、最終的に「農業」を「農政」と変え、『農政新時代』で了承される。一説には、表題のダメ出しは、族議員の進次郎に対する牽制であったともされるが、進次郎はこれに不満をもらすどころか、ブログにこう書き込む。

《『農政新時代』は、当初は『農業新時代』というタイトルで考えていました。しかし、まず変わるべきは私たち政治の側、という思いから、最終的に「農政」にしました》

どこまでも謙虚に、辞を低くして摩擦を避けつつ、若手議員をプロジェクトのメンバーに抜擢し、農業行政の国家戦略策定を進めていくのだ。

もう一例、「意表」とセットにした謙虚さを紹介しておこう。

二〇一二年十二月十六日に行われた衆議院議員総選挙で、自民党が単独で絶対安定多数を獲得して政権与党に返り咲いた。東日本大震災が起こったときは民主党政権であったから、安倍政権は震災以後、初の自民党政権ということになる。進次郎はこのことをとらえ、国会質問で、安倍総理にこう迫る。

「安倍政権は原発事故以来、東日本大震災以来、初めての自民党政権だ。かつての自民党政権時代、間違った安全神話のもとに原発を推進してきた責任をまぬがれることはできない。お詫びと反省から始めるべきだ」

だが、この質問は安倍総理に迫っているように見えて、進次郎の目は国民を向いている。非は非として謝罪するべきだ――という、自民党議員であれば口にしない言葉で言ったからこそ、国民は意表をつかれ、謙虚さがよりアピールされる。

さらに、自民党にとっても「わが党は、このような批判をも許す政党である」というメリットがあり、安倍総理はそのことを承知しているからこそ、あえて反論や〝言い訳〟をせず、

「安全神話に陥った原子力政策であったことは深刻に反省しないといけない。このことによって深刻な事故が起こり、多くの方々に大変な被害を与えた。お詫びを申し上げたい」

と答えて国民に陳謝してみせたのだった。

その前年に当たる二〇一一年、「三つの大罪」としてメディアを賑わせた進次郎のスピーチがある。自民党神奈川県連の勉強会で、こう発言したのだ。

「自民党には『三つの大罪』がある。少子高齢化社会が来るとわかっていながら社会保障制度を整備しなかったこと、九〇〇兆円もの国の借金を作り上げたこと、そして原発を安全だと言いながら推進し、事故を起こしてしまったことだ」

自民党議員である進次郎の発言だけに、メディアが大きく取り上げた。これもまた意表をついた発言であるだけに、非は非として認めて謝罪する進次郎の謙虚さが際立つのだ。そして謙虚さは人柄の評価となり、ますます〝進次郎人気〟を高めていくことになるのだ。

先手24

意識して等身大より小さく見せる。背伸びして躓《つまず》くは世の習い。

老子の言葉に、

「企《つまだ》つ者は立たず、跨《また》ぐ者は行かず」

というのがある。《企》は「かかとを上げる」、《跨》は「大またで歩く」ということから、「つま先立ちは長く続かないし、大股で歩いたのではいつまでも続かない」という意味で、

「背伸びをすると、自分が苦しくなるぞ」

と、老子は教える。

この教えは、有能で立派な人間に見せようとするのは、自分で自分の首を絞めるということだけでなく、対人関係の視点から見れば、あと二つの意味が読み取れる。一つは〝正味の自分〟が知れたとき、背伸びしたぶんだけ嘲笑されるということ。もう

一つは、どうしても自慢になるため、それが鼻につくと反感を買ってしまうことだ。背伸びすることで反感を買うというのは愚かの極みで、進次郎のような賢者は控え目にし、自分を小さく見せることで支援を取りつける。

二〇一二年十二月、二回目の衆議院議員総選挙に臨み、進次郎は地元横須賀市の個人演説会で支援者を前にこう切り出した。

「全国の応援に行くどころか、私はたった三十一歳、国会議員は三年しか経験がない未熟者なんですよ」

自民党の〝人寄せパンダ〟と呼ばれ、全国を飛びまわる自分を、まだまだ未熟者で他人の手助けができる立場ではない——と評してみせたのだ。

「そうだ、あんたは未熟者だ」

と思う支援者がこの会場にいるわけがなく、

「謙虚だな」

と、改めて評価することになる。

逆に、自分を大きく立派に見せようとして、

「わずか三年にして、自民党の〝顔〟になり、いま全国を飛びまわっております」

と胸を張ったとしたらどうか。

「他人の選挙より自分の選挙が大事だろう。調子に乗っていると落選するぞ」

そんな思いをいだくだろう。

だから進次郎は爪立つのではなく、控え目に自分を小さく見せておいて、

「これからの日本の将来、楽なことばかりではありません」

と演説を展開し、

「私に一票を預けてください」

と訴えかけ、先に触れたように79・9%という得票率を獲得するのだ。

自民党元幹事長の武部勤は、このときの総選挙には立候補せず、引退を表明するのだが、進次郎は演説で「私の父が総理大臣の時に、自民党幹事長として自らを『偉大なるイエスマン』といって、支えてくれた方です」と支援者に語りかけながら、武部との会話を紹介する。武部は約三十年の議員生活のなかで、予算委員会で質問に立つのは今年が初めてということだったが、自分は一回生なのに何度も質問をやらせても

らった。

「ありがたい限りです」

としながら、「自分から手を挙げて質問をやりたいと言わないこと」を心に決めていたと続ける。

「私が自民党では最年少であり一回生であり、多くの議員の先輩方、年長者の方々がやりたくてもやれない質問を、私みたいな若造がやりたいやりたいと出しゃばっちゃいけない。その思いでした。予算委員会の質問に立つとき、一度も自分から手を挙げたことはないです」

ＮＨＫの中継は全国津々浦々まで放送されるため、全国的に名前が売れる。地元有権者に対しては絶好のアピールになる。選挙ということを考えれば、これほど強力なメディアはない。だから誰もが質問に立ちたがる。すなわち進次郎が支援者に訴えようとしているのは、三十年にして初めて質問に立つ武部のようなベテラン議員がいる一方、駆け出しの自分は何度もそれをやらせてもらっているが、決して自分が望んだわけではないということなのである。

進次郎は、人気が高まれば高まるほど自分を小さく見せようとする。

《みなさんが思うほど力もないですし、自分のキャパシティの、いっぱい、いっぱいでやっているだけですから。一歩一歩、周りに支えられながら、歩んでいきたいと思います》

《もう僕は出る必要もないので、ほかのみなさんがガンガン前に出て、早く政治の世界で小泉進次郎がニュースにならないようにしてもらいたい》

《一番の思いは、委員会での質問や本会議の討論などを通じて、自分自身の実力のなさを痛感していて、ポスターや講演などに使われる立場じゃないと思っていることなんです》(『小泉進次郎の闘う言葉』常井健一/文春新書)

人間は天の邪鬼にできているので、ここまで謙虚にされると、「それは本心なのか」と疑いたくもなってくるが、それが本心であるか否かは別として、謙虚に、そして自分を小さく見せるという処し方は学ぶべきところがある。組織において高く飛び上がろうとするなら、まず膝を曲げて屈《かが》むことだ。

膝を曲げずして飛び上がることはできないにもかかわらず、多くの人は少しでも高みに上がろうとして爪先立つ。だから飛び上がれないのだ。

第4章

一目置かれる振る舞い力

先手25

攻め太刀は受けずして瞬時に斬り返す。反撃は鮮やかさをもって最上とする。

論戦は、「受け」に回ったら負ける。

相手は〝落とし穴〟をめぐらせたり引っかけたり、策をもって攻めてくるため、防戦に終始していたのでは必ず負けてしまう。政治家の論戦は特にそうで、たとえ負けなくても、「攻め＝追及」「受け＝逃げ」の印象を有権者は持ってしまうため、ダメージは大きい。

だから相手が仕掛けてきたら、瞬時に「受け」から「攻め」に転じなければならない。これが切り返し術であり、土俵際の〝うっちゃり〟と同じで、これが鮮やかに決まると、「たいしたものだ」と評価されることになる。進次郎が一目置かれるのは、土俵際で瞬時に切り返す鋭いワザを持っているからにほかならない。

実例をあげよう。

進次郎のアキレス健は「世襲議員」であるということだ。初出馬のとき、世襲に対する世論の風当たりが強く、選挙演説中に聴衆からペットボトルを投げつけられたエピソードはすでに紹介したとおりだ。当選を果たしてからも、父・純一郎の〝七光り〟という目で見られていた。

初当選した翌年、神奈川県で行われた公開討論会でこのアキレス健を攻められ、世襲を批判されたとき、進次郎はこう切り返した。

「政治家の世襲は、歌舞伎や落語の世界のそれとはちがうのです。有権者が当選させて、初めて成立するものです」

歌舞伎や落語の世界は「わが子＝跡継ぎ」が成立するが、議員は選挙という信任を受けなければ「跡継ぎ」にはなれない。「世襲は有権者が決める」という論理で見事に切り返してみせたのだ。

以後、進次郎は世襲を打ち消そうとするのではなく、

「父があってこそ、いまの僕がある」

「なぜ、マスコミがこれだけ小泉進次郎を取り上げたり、注目してくれるのかと考え

たら、それは小泉純一郎抜きには語れません」

「政治家をなぜ目指したかといえば、やっぱり父が政治家だったことは大きいです」

と、世襲であることを積極的に肯定することで、批判ややっかみを封じていくのは、これまで紹介したとおりだ。

進次郎の出身校である関東学院大学の偏差値は高くない。東大を筆頭に国立大学、有名私大の卒業者が目白押しの政界にあって、関東学院大学卒は珍しい。

「一流大学出身者ではない」

という揶揄に対して、進次郎はこう切り返す。

「僕は関東学院大学が一流大学だと思う。僕は偏差値で決めるんじゃない」

「一流とは何か」という論点で反駁《はんばく》されれば、返す言葉はない。

進次郎の〝話術〟が非凡なことは、実は当選から数カ月後にしてメディアに取り上げられている。

二〇一〇年二月一日の衆院本会議後、〝ぶら下がり取材〟で進次郎を囲んだ記者の一人が、

「貴乃花親方が相撲協会の理事に当選したが……」

と、唐突で場違いな質問を投げかけたところが、

「多くのファンの方々が、協会のみなさんに『改革の痛みによく耐えてよく頑張った！』と言葉を贈るような未来にしていただきたい」

瞬時にそんなコメントを発したのだ。

ポイントは、「改革の痛みによく耐えてよく頑張った！」というフレーズである。九年前の二〇〇一年五月二十七日の大相撲夏場所千秋楽で、当時、首相だった父・純一郎は、負傷をおして優勝した貴乃花に内閣総理大臣杯を授けながら、

「痛みに耐えてよく頑張った！　感動した！　おめでとう！」

と、土俵上で讃辞を送り、この言葉は流行語にもなった。

進次郎はそれに引っかけてコメントしただけでなく、

「力士にとっては手は刀と言います。政治家にとっては言葉が刀。その刀、総理の刀はいまどうなっていますか。そう伺いたいですね」

と、当時、政権与党だった民主党の鳩山由紀夫総理を批判してみせ、切れ味の鋭さ

を見せている。

世間が進次郎の〝切り返し〟に唸ったのは、二〇一二年十二月十六日に放送された衆院選の選挙特番『池上彰の総選挙ライブ』（TXN系）ではなかったか。当確を決めた進次郎に対し、司会の池上彰氏がこんなツッコミを入れた。

「小泉さんの応援演説は、それぞれの地域に行くと、それぞれの方言を使って話しかけていますよね。これ、ちょっとあざとい戦法だなとも思えるんですが」

方言を用いたつかみがウケるのは〝ご当地〟だけで、あとの人の目にはワザとらしく映るもので、池上氏はこのことをズバリと問うたのだ。

「これは通用する地域と、通用しない地域があるんです」

と進次郎は前置きしたうえで、

「いま、池上さんと話してても一分間自分の考えを話す時間はもらえませんよね。十秒で興味を持ってもらうために（方言も）必要なんです」

池上氏の挑発的な質問に乗らず、嫌な顔もせず、真摯にこう言って切り返したのである。言われてみれば、もっともなこと――と視聴者は納得したことだろう。のち池

上氏は、雑誌のインタビューに答えて、

「今回インタビューした政治家の中で、私の質問に対し、最初から最後まで誤魔化すことも、感情の起伏も見せず、きちんと対応したのは、自民党の小泉進次郎候補ただ1人でした。若いのに、大したものです」

と、池上氏は舌を巻いている。

周知のように、即座の反応はホンネが出るため、政治家の舌禍事件はあとをたたない。たった一言の失言で大臣をクビになった例はいくらでもある。だが、進次郎には失言はない。舌禍事件もない。発言がヤリ玉にあげられることもない。進次郎の〝切り返し〟は瞬時ではあるが、背後に冷静な計算があるからだ。

進次郎は、こう語っている。

「若い僕が言えるのは、戦う敵と、作らなくてもいい敵を間違えちゃいけない」と進次郎は語っているが、ひらたく言えば、「政敵」に対しては敢然と立ち向かっていくが、そうでなければ、批難に対していちいち噛みつくことで「敵」をつくることはない——ということになる。

好例が二〇一二年暮れの衆議院議員総選挙。二期目の青年局長続投となった進次郎は、当時、自民党の敵でありながら〝台風の目〟になっていた「維新の会」には、細やかな配慮をしている。橋下徹代表がテレビで自民党批判をしたことに対して、進次郎は「維新の会」の地元大阪で、こんな言い方をする。

《「民主党の三年間がひどかったからといって、過去の自民党に戻していいのか」と、橋下さんは言いました。私は橋下さんに言いたい。その通りですよ。過去の自民党に戻していいなんて思っている人、自民党の中にだって誰もいません》（『小泉進次郎の闘う言葉』常井健一／文春新書）

おわかりだろう。橋下代表に噛みつけば、向こうも噛みついてきてガチの大喧嘩になる。ここは噛みつかないでおいて、「過去の自民党」批判を受け容れ、それを逆手に取って「過去の自民党に戻していいなんて思っている人、自民党の中にだって誰もいません」と訴えるのだ。

その一方で、政敵である民主党のマニフェストが実行できなくなったとき、時の総理であった民主党の野田佳彦総理が、

「与党になってみえてくる風景というのもあります」

と〝言い訳〟をすると、すぐさま進次郎は、

「与党は『あれができます、これができます』ではなく、『厳しいんだけどこれをやらせてください』という時代でしょ。与党になったら風景が違います、なんてことはやめなきゃいけない」

と切り返し、野田首相は平身低頭し、反論できなかった。自在の切り返し術――これが進次郎の持ち味なのだ。

先手26 不断の努力で話術を磨く。一言半句に命を懸ける。

進次郎には「話術のプロ」がついているのではないか。

そんなウワサがささやかれたことがある。

巧みな演説、メディアが飛びつく当意即妙のコメント、聴衆の心をわしづかみにする名フレーズとアジテーション。「あれは絶対、プロがついているに違いない」と思うのは当然だろう。

池上彰氏が司会した衆院選の選挙特番『池上彰の総選挙ライブ』でのやりとりを前項で紹介したが、番組のなかでタレントの峰竜太氏が、

「小泉進次郎さん、すごくお話が上手ですが、芸能界でいうところの『作家』がついてるんですか？」

と問いかけた。「方言を使って話しかけるのはあざとくないか」――という池上氏のツッコミに対し、進次郎の〝切り返し〟が鮮やかだったことに挑発的な追い打ちをかけたのである。

進次郎は平然と応じる。

「スピーチライターのことですか。いたら雇いたいぐらいですよ。自分で、ない知恵を絞っています。しいて言えば最近、落語っていうのは勉強になるなと思っています」

峰竜太氏の追い打ちは、図らずも進次郎のクレバーさを際立たせることになってしまったのだが、「落語」は進次郎の話術を解くキーワードだ。進次郎は落語を手本として演説の勉強をしているのだ。笑わせる——ということはもちろんだが、落語は何より「つかみ」で勝負する。

つかみとは、「客をつかむ」のつかみの意味で、高座に上がって発する冒頭の一言で客をいかに引き込むか。この巧拙で、客のノリが決まる。名人・古今亭志ん生は、

「ええ……・本日は」

と口を開いてからちょっと間《ま》があって、

「どうも・……」

さらに間延びして、

「このォ……・」

と続ける。

この「間」が絶妙で、「次になにをしゃべるのか」——と客は引き込まれ、心をかすめとられたことに気づかないまま、高座の志ん生の口元を凝視する。

つかみに定型はない。

たとえば演説の名手として知られる田中角栄は、つかみが抜群に上手かったが、手法はさまざま使い分けている。たとえば、先に紹介したように登壇して無言のまま立ちつくし、聴衆を引きつけておいて、

「エー、田中角栄でございます」

と、志ん生と同様、「間《ま》」によるつかみをするかと思えば、

「みなさんッ。この前、アメリカの新聞がインタビューに来て、〝ロッキードは?〟と聞くから、私は、アメリカ風邪は間もなく治ります、と言っておいたのであります」

と、ロッキード事件を逆手にとって聴衆を沸かせ、これから話がどう展開するのかと興味を喚起、演説に引きずりこんだりもする。

進次郎は、これまで折りに触れて紹介してきたように、その土地の方言を用いた挨拶から入って、名物や偉人にちなんだ話につなげ、地元聴衆と意識の共有を図ってから本題に入っていく。軽いノリで語り始めているように見えるが、進次郎はつかみに

勝負をかけているのだ。

これに加えて、「いまも一番難しい演説は街頭演説だ。一番緊張する」と〝演説上手〟の進次郎が吐露するのだから、端《はた》からは〝お気楽〟に見える方言の挨拶も命懸けのものということになる。

だから、落語を聞く進次郎は真剣だ。

名人・柳家さん喬の独演会に出かけたときのことだ。進次郎は終演後に師匠の下に駆け寄ると、

「素晴らしい噺で、感銘を受けました。師匠の話し方には独特のリズムがありますが、あのリズムというのはいつも一定に保っているのでしょうか」

と訊ねている。

これに対して師匠は、

「車で言うと、オートマと言うよりはマニュアル車ですね。つまり、その場に応じて話のスピードやリズムのギアをチェンジしているんですよ」

と答え、進次郎は満足そうな表情を浮かべたと週刊誌（『フライデー』２０１４年

5月2日号）は伝えている。

ここまで演説手法にこだわるのは、言葉は政治家にとって唯一の武器であるというポリシーからだ。そして、その言葉――政治家にとって一言半句が命懸けのものであるとする。気鋭の論客・瀧本哲史氏との対談で、進次郎はこう語っている。

《政治家はリスクだらけです。言葉ひとつ間違えただけで、政治生命が終わることがある。僕はそれをわかったうえで、人前で話しています。厳しい世界ですが、若い人たちにもぜひチャレンジをしてほしい》（『プレジデント』２０１４年6月16日号）

だから言葉や話す内容に神経を尖らせる。

《父は日本語に厳しくて、いまでも辞書を引いている姿をよく見かけます。それが染まったのか、自分も、分からない言葉があったらすぐ辞書を引く癖がつきました。たった一語の失敗で、政治生命を失うこともあるわけですから、言葉の重みを常に意識したいと思っています》（『小泉進次郎という男』／宝島社）

とは、進次郎がかつて自民党機関誌に語った言葉である。

ここまでやって初めて、聴衆の心をつかみ、演説に耳を傾けてもらえるのだ。

先手27 生活のすべてを目的に捧げる。準備なき者に失敗は必然。

進次郎は「努力の人」だ。

超多忙な時間を割いて落語を聞きに行くということはもちろん、政治家としてあらゆることを貪欲に吸収する。

進次郎に関する資料のどこを探しても、「疲れた」「休みたい」と言った言葉は一つとして見つからない。自民党青年局長在任中、東日本大震災の被災地に毎週のペースで訪れているが、早朝出発の深夜帰京という強行軍にもかかわらず、進次郎は仮眠するでもなく、移動中の車で官僚のレクチャーを受けていた。当選当初、講演や国会での質問をするときは、父・純一郎の実弟で秘書を務めていた正也氏の協力で、政財界の有識者を集めてディベートの訓練を積んだともいわれる。

勉強家なのだ。

ビジネス社会でもそうだが、「知識」は最低限のスキルであって、それをどう仕事や活動に活かすかで優劣がつく。勉強という努力なくしては勝負にならない。進次郎は演説の研究一つとっても、落語を聞きに行くだけでなく、作家や映画監督、コピーライターといった人たちとも会っている。言葉に対する感性の鋭い人たちだけに、彼らから「話す」という技術のヒントを探っているのだろう。

私たちにもすぐ真似ができる勉強法は読書だ。進次郎は政界屈指の読書家として知られ、たまの休日は自宅に籠もって読書をする。自分でも趣味は読書と公言し、読書はキャッチボールと違ってどこでもできるので「読書が趣味でよかった」と語っているが、単に作品を楽しむだけではもちろんない。

自分の政治活動に何かプラスにならないか——そのことを常に念頭において文字を追っている。日本語のプロである作家が書いた本を読んで、日本語の勉強をしていると語るのだ。

話題の人気作家の本は必ず読む。村上春樹の話題小説『色彩を持たない多崎つくると、彼の巡礼の年』（文藝春秋）について、かつてこんなブログを書いている。この本が発売されて、わずか十二日後である。

《一日があっという間だけど、移動中の車の中でようやく村上春樹さんの新作を読み終えました！

読み終わって何度もページを戻って、話をつなぎ合わせる確認作業をしてしまった……。この読後感がなんとも……。

読み終わった人と感想を語り合うのが楽しみです》

浅井リョウの直木賞受賞作『何者』は、就活大学生の自意識をリアルにあぶり出した小説だが、これについて進次郎はやはりブログで、

《若者の雇用や就活のあり方をどう考えるか、危機感を持って取り組まないといけません》

と書く。

進次郎は、若者の就職活動や雇用問題に積極的に取り組んでおり、この作品には強く心を動かされたようだ。進次郎は、一流校とは言えない関東学院大学を留年し、卒業はしたものの定職に就かずフリーターを経験している。政治家になる前は、そんな

進次郎にメディアは容赦なく、

《小泉首相二男・進次郎さん　大学は卒業したはずなのに……「将来の後継者」は地元でお気楽プー生活！》（『女性自身』2004年6月29日号）

《「世襲候補」は気楽な家業ときたもんだ》（『週刊新潮』2009年5月28日号）

といった調子で、面白おかしく書いた。

当時を振り返って、

「なんで自分のことをわかってくれないんだ。なんで自分はこういう思いを伝えたいのに、なかなかそういうふうにとってもらえないんだろう。報じてもらえないんだろう。そう思うことはよくあります。しかし、それを嘆いたって仕方がない。自分の生き方として信念を曲げずに生きていけば、いつかきっとわかってくれるときが来る」

と進次郎はのちに語っているが、その体験に『何者』の主人公たちをダブらせたのだろう。フリーターの気持ちがわかる進次郎の、これは政治家としての強みとして、〝若者対策〟に活きていると言えよう。

本一冊読むのも、落語一つ聞くのも、進次郎は貪欲なまでに政治家としての活動に結びつける。「勉強」ということについて、進次郎はこんなふうに語っている。
《かつて、塩川（正十郎）先生が、「一時間の質問をするには三日の時間が必要だ」ということをおっしゃったらしいんですが、ぼくみたいに頭が悪い人間には三日どころではないですね。どういう答えが返ってくるかわからないですから。どういう弾丸が返ってきても打ち返せるものを用意したいと思うと、深く掘り下げればとことんいけますから》（『文藝春秋』２０１０年12月号）

勉強の大切さ、重みを知っているからこそ、不用意な発言や知ったかぶりをしない。なるほど進次郎の演説やコメントは、聞き手の心に突き刺さる。

「日本が直面する課題を作り上げた張本人だからこそ、この三年間反省して、今回の選挙で何が何でも結果を出す。そして、私たちが作った課題はしっかり解決するというのが、自民党のけじめのつけ方です」

といった聞き手を引き込む話術はさすがと思わせる。だが〝話し上手〟でありながら、進次郎は具体的な政策を提言することは少ない。「読めばわかることを話してもしょうがない」――本人はそう語っているが、勉強すればするほど、生半可な理解で口にしたのでは揚げ足を取られることがわかっている。

ましてや自分は注目されている。ちょっとした失言でもニュースとして叩かれる。そのことを承知しているからこそ、政策に関わる発言は慎重になるのだろう。特に得手としない分野については余計なことは言わない。

「で、具体策は？」

と報道陣が突っ込むと、

「専門家に聞いて下さい」

瞬時に答える。そんなことは専門家に聞くべきではないか——という毅然とした態度と口調に、報道陣の矛先も鈍るというわけだ。机上の学問だけでなく、処世術においても、進次郎はよく勉強しているのだ。

先手 28

「見られる」から「見せる」という戦略。世間は見た目で人格を探る。

進次郎はイケメンである。

爽やかで、カッコいい。

好き嫌いは別として、これは誰もが認めることだろう。

だが、「イケメン」が無条件に「カッコいい」になるとは限らない。進次郎の顔立ちがどんなによくても、頭髪や服装がオッサン風であったなら、ここまでの人気は出なかっただろう。イケメンは外見——すなわちファッションとセットになって初めて「カッコいい！」ということになるのだ。

言葉を変えれば、「自分をどう見せたいか」というイメージ戦略が大事ということになる。たとえば、高級仕立てのダークスーツに白いワイシャツを着こなせば有能なビジネスマンに見えるが、ボサボサの頭髪に着古したスーツ姿であれば仕事の能力ま

で疑われてしまう。「ボロを着てても、心は錦」というのは自己満足であって、周囲の人間は、外見から人格や能力をイメージし、

「あの人は、こういう人」

と規定してしまうというわけだ。

スペインの著名画家のサルバドール・ダリと言えば、上向きにピンとはねたカイゼル髭で知られるがこんな名言を遺している。

「天才になるには、天才のふりをすればよい」

まさに進次郎の爽やかなカッコよさは、「そのように見える」――というのが正解であり、自己演出がいかに大事かを私たちに教えてくれる。ファッション界に「おしゃれは自己主張」という言葉があるが、自己主張とは「なりたい自分になる」というイメージ戦略のことなのだ。

進次郎の伝説語録の一つに、

「選挙というのは厳しい戦いであって、ネクタイ締めて、かしこまって、カッコつけて勝てるような甘い世界じゃない」

という過激な言葉がある。

二度目の衆議院議員選挙に臨む二〇一二年十一月二十八日、地元横須賀市で開かれた総決起集会での挨拶である。進次郎は、満席の会場にノーネクタイで現れると、

「今回、この選挙戦を迎えるにあたって、私はネクタイをしていません」

と、ネクタイをしていないということを強調し、自民党が大敗した二〇〇九年八月の総選挙を「夏の厳しい戦い」と表現して、

「あの厳しい夏、私の原点である初めての選挙で支えてくれたみなさんに対する感謝を、忘れてはいけないという表れです」

と、ネクタイをあえて締めてこなかった理由を語っている。ノーネクタイというパフォーマンスによって、選挙に臨む本気度を支持者たちに示し、気持ちの引き締めを狙った行動と言っていいだろう。視覚に訴えるイメージ戦略である。

あるいは二〇一〇年七月五日、参議院選挙の応援演説で、炎天下の愛媛県新居浜市に入ったときのこと。当の候補者や関係者は上着を脱ぎ、ワイシャツを腕まくりして暑さに顔をしかめていたが、進次郎はノーネクタイながらダークグレーのジャケット

を着て前ボタンを掛け、爽やかな笑顔で有権者たちに語りかけている。この服装と表情を見ただけで有権者たちは進次郎に信頼を寄せ、演説に耳を傾け、進次郎が推す候補者に一票を投じたことだろう。

進次郎は、たとえばダウンジャケット一つとっても、公私によってメーカーに気をくばっている。プライベートではモンクレールというブランドのものを着用し、これがカッコいいと評判になった。値段は定かではないが、通販サイトを見ると二十万円前後と値が張る。だが、選挙の応援演説で全国を飛びまわるときはユニクロだ。ユニクロのダウンジャケットは安価ということもあり、有権者のなかにも着ている人が結構いるので、

「僕もユニクロ。同じですね」

と、進次郎は気さくに声をかける。「同じですね」と声をかけられた人は嬉しくなって、一票を投じることになるだろう。

国会活動ではネクタイを締めるが、スーツはダーク系でワイシャツは白。ネクタイはブランドがひと目でわかるようなものは締めない。清潔そうで、有能ビジネスマン

のイメージだ。

ちなみに腕時計は、シチズンのアテッサ・ジェットセッターで十万円程度のもの。クロノグラフはスポーティーで、進次郎のイメージによく似合う。どんな時計を嵌めるかはとても大事で、進次郎が金ムクのロレックスをしていたとしたらイメージはずいぶん違って見えることだろう。アテッサ・ジェットセッターは、初当選した二〇〇九年の六月の発売ということで、初当選を意識して買ったとも言われるが定かではない。

ヘアスタイルは、前髪を長めにして額の右半分だけを見せる〝進次郎カット〟だ。若者らしくてカッコはいいが、長い前髪は政治家としてはＮＧとされる。初出馬のとき、父・純一郎が髪を切るように言ったが、頑なに拒否したとされる。高校時代、野球部は全員、坊主頭であったが、このときも進次郎だけはコーチに逆らい、長髪を貫いたという。

ここまで外見にこだわる進次郎からうかがえるのは、「どう見せるか」という〝攻めの意識〟だ。とかく私たちは「どう見られているか」と世間の目を気にするが、進次郎は真逆ということになるだろうか。

「天才になるには、天才のふりをすればよい」

というサルバドール・ダリの言葉を彷彿させるのだ。

先手29
「和して同せず」の姿勢を貫く。人間関係は常に危うさを孕《はら》む。

進次郎は携帯電話の番号を教えない。

少なくとも二〇一五年十月、自民党農林部会長に就任する以前はそうだった。石破茂が地方創世担当大臣のとき、進次郎はその下で政務官を務めているが、上司の石破ですら進次郎の携帯番号を知らなかった。

『君子の交わりは淡きこと水の如し』

と言って、君子はお互いが尊重し合って一線を守り、ベタベタしたつき合いをしないものだが、携帯番号をあえて聞こうとしない石破も君子なら、進んで教えようとしない進次郎もまた〝君子〟ということになるだろう。

だが政界はもとより、組織は全員が君子というわけではない。むしろ君子が少ないため、酒を酌み交わし腹を見せ合うことで仲よくなる。水のようなサラサラとした淡い交わりをすれば、

「あいつ、つき合いが悪い」

と陰口を叩かれる。

ところが進次郎は、携帯番号さえ教えず、プライベートにおいて淡い交わりでありながら、その人気が示すように悪評とは無縁でいる。これは希有のことと言っていいだろう。先輩を立て、後輩にも媚らず、特定の人だけと親しくしないということを指摘する声は少なくない。

進次郎はチームを組織して行動する。高校時代、野球部副主将として活躍しているだけに、チームプレーが得意なのだろう。地元・横須賀の街興《おこ》しを目的として立ち上げた『ＴＥＡＭ　ＹＯＫＯＳＵＫＡ』（チームヨコスカ）、東日本大震災の被災地復

興支援のため、自民党青年局に「TEAM11」（チームイレブン）を発足させる一方、青年局に「カレー懇」を発足させた。

「カレー懇」というのは、毎週金曜日の昼にカレーライスを食べながら議論する昼食会のことで、党本部内にある食堂のカレーだけでなく、青年局のメンバーが名物の〝ご当地カレー〟を用意することも多い。カレーを食べながら、テーマを決めて勉強会を開いたり、論議したりする。

自民党青年局の参加資格は四十五歳以下の党員だ。国会議員の場合は慣例で衆院は当選三回以下、参院は当選二回以下を条件としている。自民党が下野したとき、青年局の所属国会議員は十八名だったが、二〇一二年十二月の衆院選で大勝したため、一挙四倍——八十二人にふくれあがり、青年局が党所属国会議員の五分の一を超す人数になった。

「いま、まさに自分の口から発せられた言葉が、国際社会にどのような影響を与えるかを常に考えていくべきです。もちろん、青年局長としての責任をもって発言していきますが、青年局としていっしょにやっていけるものは、みなさんと力を合わせてやっていきたい」

そんな進次郎の発言も影響したのか、一部メディアは青年局は事実上の小泉派であるという〝勘ぐり報道〟をした。これに対して進次郎は、

「そもそも青年局は全国の青年局メンバーが一体となり、若い世代から親睦をはかっていくことが最大の目的です。青年局長は政策を決める場所ではない。政策は政調が行うべき」

と、〝出る杭〟に見られないよう〝火消し〟の発言をしている。このあたりのバランス感覚と用心は、「自分の立場」「自分がどう見られているか」ということをニュートラルな目で見ているということにほかならない。

それだけに、人とのつき合い方に、どこか醒めた雰囲気があると指摘される。チームを率いるのが得意の進次郎だが、メンバーと飲み歩いてバカ騒ぎをするといったことはしない。携帯番号の交換といった〝儀式〟もしない。その一方で、気鋭の論客・瀧本哲史氏との対談で、「仲間」について熱く語る。

《「仲間」をつくるときには、思想信条は関係ありません。それより、理屈抜きに

「この人は何かすごい」という実感や、「まわりがすべて敵になっても、こいつは俺を支えてくれる」という信頼感が大事です》

《困難な課題と直面せざるを得ない時代に、政治に求められていることは論理だけではないと思います。「この人が言うならやってみよう」という無形の説得や納得感、信頼が必要になる。それらを取り戻し、育める政治家を増やさなくてはいけません。最終的には、その人が本気かどうか、全力で走り続けているかどうか。そこに尽きると思います。

僕は本物の仲間についてきてほしい。自分一人の力では何もできない。それが政治家ですから》（『プレジデント』２０１４年6月16日号）

この思いにウソはないだろう。察するところ進次郎は、〝野球チーム〟の監督なのだ。試合に勝つことが目的で、そのために全員が信頼関係のもとに一丸となって戦う──そんな思いでいるのではないか。プライベートでベタベタすることと試合とは関係しない。公私の峻別が、進次郎に〝人間臭さ〟を感じない原因になっているのかもしれない。

だから感情的になって人を責めるということをしない。得策でないからだ。進次郎は若手経営者との会合で、こう語っている。
《よく、徹底的に攻め込んでも、必ず逃げ道を作ってやれというじゃないですか。僕は国会の質問でいくら厳しく追及しても、絶対に個人の批判はしない。戦い方、戦うタイミング、そして深さ。そこをしっかり見極めないと、最初の勢いはいいけれど気がついたら後ろに味方が誰もいないという状況になる》（『小泉進次郎の闘う言葉』常井健一／文春新書）
　相手を追い込みすぎて〝窮鼠《きゅうそ》〟にしてしまうと、猫にさえ噛みついてくるというわけだ。
　この対極にいるのが橋下徹だ。「窮鼠が猫を噛むというなら、噛めないようにトコトン追い詰めて殺してしまえ」という手法で、「二度と橋下にはちょっかい出さない」と相手が音をあげるまで追求の手をゆるめない。日本の新しいリーダーとしてもてはやされたが、かつての勢いと評価は翳りを見せている。『北風と太陽』の譬えを持ち出すまでもなく、人間社会においては、敵対する相手といえども、攻めるばかりが能ではないということか。

だが、政界はきわめて人間臭い世界だ。義理と人情に打算が絡み、権謀術数が渦巻く。「君子の交わりは淡きこと水の如し」とオツにすましていたのでは、いみじくも進次郎の言葉にあるとおり、気がついたら後ろに味方が誰もいないという状況になる。サラサラと流れる〝清い水〟だけでなく、ときには濁った水に身を置くことも必要だ。清い水も飲めば、濁った水も平然と飲み干す。これを「清濁合わせ飲む」と言い、人間の器の大きさとする。

進次郎は、自民党農林部会長に就任が内定した直後から農林族の重鎮を訪ね、これまで上司の石破大臣にさえ教えなかった自身の携帯番号を伝えている。〝君子〟の器が、どうやらひとまわり大きくなってきたようである。

先手30

健康維持は武将の一剣を磨くがごとき。運は五体が引き寄せる。

人生を決めるのは「運」である。

もちろん運だけではないが、運に恵まれなければ成就することはできない。

明治時代、日露戦争開戦において、かの東郷平八郎元帥が連合艦隊司令長官という大任を任されることになるが、推挙した理由を明治天皇に問われた海軍大臣の山本権兵衛は、

「東郷は運のいい男ですから」

と答える。

よく知られたこのエピソードは、運の持つ力というものを何より物語っている。人間の能力は、野菜にたとえればタネであり、水と日光が運に相当する。どんなタネも水と日光に恵まれなければ発芽することはできない。

進次郎は運に恵まれた。世襲というのは運ではなくタネであって、このタネを大きく発芽させたのは、自民党に逆風が吹き荒れた二〇〇九年八月の衆議院議員総選挙だ。自民党にとっては下野という屈辱の選挙であったが、初出馬の進次郎にとっては幸運だった。世襲批判と自民逆風というダブルパンチで選挙戦は苦労したが、このとき自民党で当選した新人は、進次郎を含め四人しかいない。自民党が大勝した三年後の二〇一二年十二月の総選挙では百十九名もの新人が当選している。四人という数字はその三十分の一に過ぎず、いかに少ないかわかるだろう。

だが、四人しかいないため、進次郎たち一年生議員は、議院運営委員会も、毎朝開かれる自民党国会対策委員会の正副委員長会議にも委員として出席することができた。二〇一二年に当選してきた一年生議員は人数が多いため、十班に分かれて傍聴するだけで、委員になって出席するなどあり得ないことだった。さらに進次郎たちは政務調査会の各部会などを掛け持ちし、副部会長を任されたりもする。

しかも、自民党は当時、野党である。国会で質問に立つ機会も数多く与えられ、一年生議員時代の三年間で、進次郎は三十七回も質問に立っている。このときの経験が、政治家として進次郎を育てる。

父・純一郎と慶応大学時代に同窓生だった政治評論家の浅川博忠氏は、当選翌年、進次郎をこう評している。

《昨年の総選挙で当選した自民党の新人は四人と少ない。それだけに、進次郎には党からの期待も大きいでしょう。衆議院だけで三〇〇人いたころの自民党ならば、なかなか1年生議員には回って来なかった重い役職に就けられ、国会での質問の機会も多い。特急電車みたいにどんどん出世街道を進んでいます。人気に慢心せず、場数を踏んでいけば、まだまだ成長していくと思いますよ》（『アサヒ芸能』２０１０年5月27日号）

これが運だ。

実際、議員一年目で、テレビ中継がある予算委員会の質疑を何度もやった。新人議員がまかされるのは異例のことだ。チャンスではあるが、失敗したら、次はない。だから進次郎は必死の努力をした。だが、この努力は、自民党の大敗、そして新人わずか四人の当選という運に恵まれてこそのものであることを見落としてはならない。

では、どうすれば運に恵まれるか。

運は人智の及ばざるものゆえ、努力で運を呼び寄せることはできない。だが、運に恵まれたときに、それをつかまえることができるかどうかは本人の努力だ。そして努力が具体的に何を指すかというと、目前の仕事に全身全霊をかけて取り組むということだ。

運に恵まれたか、あるいは運がやって来たように見えて、実体は不幸の始まりであったといったことはよくある。何事も結果論であり、あとになって実相が見えてくるものである以上、「運をつかまえる方法」というものはない。

あえて言えば、進次郎の次の言葉が参考になるだろう。

《嫌なことをやらなきゃいけないときがあっても、そこで全力を尽くす。(政治家としての)雑巾がけも、誰よりもピカピカに磨いて、日本一の雑巾がけになってやる！そういう思いで青年局長の仕事をします》(『週刊現代』2013年4月13日号)

青年局長に就任したとき、記者団から「総理をめざすのか」と聞かれて、進次郎はそう答えている。総理を目指すかどうかについては直接答えていないが、目前の責務に全力を尽くしていれば、やがて総理の座も」――と言外に読み取ることができる。すなわち、不平不満を口にせず、目前の仕事や責務に全力で取り組む、その日々の処し方が、運を逃がさず、わしづかみする最善の方法ということになるだろう。

そして大切なことは健康である。能力も、運も、健康を損ねて伏せっていたのでは活かすことはできない。運をつかむどころか、健康不安説が流れるだけで仕事に多大な影響が出てくる。

ことに打算から集合離散を繰り返す政界の場合は、不安説がささやかれただけで人心は一斉に離れて行く。

会社においても、健康不安をかかえる上司は、いつ退職していくかもわからず、部下としては距離を置くことになる。

進次郎は、先の瀧本哲史氏との対談のあと、聴衆から「政治家を目指しているが、大切なモノは何か」と問われると、

「体力が一番必要です」

と笑顔で答えてから、

《「ウチの会社は週一日しか休みがないブラック企業だ」なんて話を聞きますが、政治家はもっとブラック（笑）。休みなんてない。なおかつ、衆議院には解散総選挙という抜き打ちテストもある。ある意味で非正規職の立場です。そういうリスクを納得して、政治の世界に入らないといけない。僕も政治家の家系だから想定しうる部分はありましたが、入ってみて、予想以上の大変さに日々襲われています。でも結局、自分で決めたことなんだから》（『週刊現代』２０１４年6月7日号）

進次郎は若く、野球で鍛えた頑強な身体をもっているが、健康を維持するため、さまざまな工夫をこらしている。議員会館にある小泉事務所の議員室には椅子がない。執務机の上に応接机を重ねて二段にし、進次郎は立って仕事をしている。バランスボード、バランスボール、トレーニングマシーンが置かれ、来客はすべて隣接する応接室で面会している。議員会館をこういう形で使用する議員は、おそらく前代未聞だろう。進次郎が、ここまで体調維持に気を配っていることを、私たちは参考にするべきだろう。「健康のため」というのではなく、「来たるべき運に備えて」と思ってやれば、トレーニングはもっと楽しくなるはずだ。

第5章

信念を貫く突破力

先手31

信念を以《もっ》て薄氷を往《ゆ》く。結果を案じて足を竦《すく》ませるな。

組織で地歩を占めようとするなら方法は二つしかない。

上層部に噛みついて一目置かせるか、ゴマをすって可愛がられるか——。

信念も行動力もなく、じっとしているだけの人間は存在感はなく、結局、〝その他大勢〟で終わる。事を成し遂げようとするなら、組織にとって〝毒〟になろうと〝薬〟になろうと、高みを目指して這い上がっていくバイタリティが不可欠となる。

進次郎は自民党上層部にとって耳が痛いことをズバリと言う。

「すでにやってきたことを声高に言い続けるよりも、むしろ（アベノミクスの恩恵の）実感がないという人たちに、何を訴えるのか。アベノミクスの先にあるものは、いったい何なのか」

「福島県内の原発は、全基廃炉にする。これは忘れちゃいけない」

こうした直言を持ち味として、進次郎は国民の信頼と人気を得た。すなわち「正論」で上層部に噛みついて一目置かせる――という手法だ。

一方、自民党幹部にしてみれば、進次郎の批判は耳が痛くはあるが、衆議院で絶対安定多数を獲得しているので余裕綽々《しゃくしゃく》。いわば〝ガス抜き〟のようなもので、「このとおり、自民党は〝開かれた党〟なんですよ」とフトコロの広いところを見せつつ、PR効果をも狙っていた。

つまり、進次郎と自民党幹部はウィン・ウィン――持ちつ持たれつの関係だった。

ところが、安保法案の成立をめぐって与野党の攻防が激化し、反対運動が高まりを見せるなかでの自民党批判となれば、話は別だ。「耳が痛い」などとノンキに笑っている余裕はなく、党幹部のなかには激怒する者が出てくる。しかも〝人気の進次郎〟の発言だけに反動も大きく、「何様のつもりだ！」――という怒りは、ある意味、当然だったろう。

怒ったのは、自民党の高村正彦副総裁だ。

発端は二〇一五年九月三十日、進次郎が東京・麹町で行った講演会。国民の安保法案への理解が進まない理由を問われ、次のように答えた。

「自民党にも責任がある。例えば、憲法学者の長谷部さん（恭男・早大教授）。自民党が呼んだ方が（違憲と）言っているなら、真摯に受け止めるべきだと思う。その後、一部のベテランから出てきた声は、〝国家の平和や国民の安全に責任を持っているのは学者じゃない、政治家である〟と。そういう姿勢も国民から権力の驕りと捉えられた面がある」

進次郎が口にした〝一部のベテラン〟とは高村氏のことだ。当時は法案成立に向けて指揮を執っており、自民党が選定した学者の違憲論とあって大慌て。「国の安全に責任を持つのは学者じゃない」と、苦しい言い訳で長谷部教授の違憲論に反論していたときだけに、進次郎の批判はカチンときただろう。

「俺が傲慢だって？　小泉進次郎風情が、あいつこそ傲慢じゃないか。あいつはポピュリスト（大衆迎合主義）の王様だ！」

「政務官として政府に席を置くヤツが後ろから鉄砲を撃つか？　親父には少なくとも信念があったが、進次郎は常に世論におもねっているだけだ。一度でも世論に逆らって自分の信念を発言したことがあるのか？」

と、憤懣やるかたない様子で周囲に怒りをブチまけたと『週刊新潮』（2015年10月15日号）は報じている。

進次郎氏はこの発言の五日前、神奈川新聞のインタビューに答えて、

「私は傲慢だと思う。国民から見たら、自分たちが呼んだ方が言ったことなのに、何を言っているんだ、という印象も大きかったと思う」

と、同様の発言をしている。

確信犯だ。

高村氏は進次郎に対して「ポピュリスト」「世論におもねっているだけ」「世論に逆らって自分の信念を発言したことがあるのか」――と憎悪にも似た批判をしているが、進次郎の発言は軽はずみにしたものではなく、「信念」に裏打ちされたものと見るべきだろう。なぜなら、すでに紹介した雑誌『プレジデント』での進次郎の次の発言を思い返せば納得するだろう。

「政治家はリスクだらけです。言葉ひとつ間違えただけで、政治生命が終わることが

ある。僕はそれをわかったうえで、人前で話しています」

ここまで慎重な進次郎だ。高村氏はもとより、党内でさまざまリアクションが起こることを承知したうえでの発言と考えるのが自然だ。

父・純一郎は信念を貫き、「自民党をぶっ壊す」と叫んで総理の座に着いた。進次郎もまた、信念なきポピュリストではなく、父のDNAを継いだ信念の男と言ってよい。高村氏への批判は個人攻撃ではなく、政府与党に対する確信的批判であり、これは安倍内閣と一線を画す〝党内野党〟の宣言にほかならない。だから党内や高村氏個人に向けるのではなく、メディアや講演で〝外〟に向けて発進し、立場を鮮明にしつつあると見るべきだ。

自民党青年局長時代、青年局が党所属国会議員の五分の一を超す人数になり、一部メディアが青年局は事実上の小泉派であるという〝勘ぐり報道〟をしたとき、「青年局は全国の青年局メンバーが一体となり、若い世代から親睦をはかっていくことが最大の目的です。青年局長は政策を決める場所ではない。政策は政調が行うべき」

と、〝出る杭〟に見られないよう〝火消し〟の発言をしたが、それから三年を経て、進次郎氏は高みを目指し、新たなステップに足を掛けたのである。

先手32
「生き様」という美学に殉じる。尊きものは勝敗を超越した先に在《あ》る。

進次郎の処し方には「男の美学」がある。

長いものに巻かれることを潔しとせず、負けるとわかっていながら、あえてその道を突き進もうとする姿勢だ。

『かくすれば、かくなるものと知りながら、やむにやまれぬ大和魂』

とは、幕末の志士に多大な思想的影響を与えた吉田松陰の言葉で、松陰は信念を貫いて獄死するが、進次郎もまた、負け戦を承知で美学を貫く。これほどの〝進次郎人気〟がなければ、政治生命はとっくに終わっていただろう。少なくとも〝冷や飯〟を食わされていたことは確かだ。みずから「人寄せパンダ」と公言するように、自民党にとって進次郎は得がたい逸材なのだ。

進次郎は自分の立ち位置がわかっている。逆らっても抹殺はされないという読みは当然あるはずだが、逆を言えば、権力中枢におもねれば、出世階段はもっと早く駆け上がれることになる。

わかっていながら、そうはしないところが進次郎の魅力でもあるのだ。

二〇一二年四月十二日、「郵政民営化見直し法案」が衆議院で採決された。郵政民営化は父・純一郎元首相が命懸けで断行したものだ。見直し法案のポイントは、四事業会社（郵便局、郵便事業、ゆうちょ銀行、かんぽ生命）のうち、主としてゆうちょ、かんぽの金融二社に関するもので、二点ある。一つは、株式売却を「完全売却」から「努力規定」に変更すること。もう一つは、金融二社の新規業務への参入は、二社の株式売却が50％以上になれば「届出制」に変えるというもので、現在の「認可制」に比べ事業を拡大しやすくした。

要するに民営化の大幅な後退である。

そして迎えた衆議院本会議での起立採決。反対――すなわち造反したのは四人で、中川秀直元幹事長、のち官房長官として辣腕を振るう菅義偉元総務大臣、そし進次郎。平将明衆院議員は採決前に退席した。

本会議後、進次郎は法案反対の理由を、こう述べる。

「今回の法案は、民間の活力を発揮させる形になっていない。自民党の信念がブレた」

ブレた――という一語に、進次郎の「男の美学」を見る。進次郎が反対しても法案は賛成多数で可決する。負け戦なのだ。反対しても法案可否に何の影響もない。他の三人――ことに中川、菅といった大物はそれぞれ思惑があっての反対だが、進次郎は一介の〝陣笠〟に過ぎない。造反することに何の益もない。反対に回らずとも、採決前に退席すれば、周囲は意のあるところを組んでくれるだろう。

それを堂々と胸を張って造反した。法案の可否とは関係なく、これは進次郎の男として、政治家として処し方の問題だったのだろう。「自民党はブレても、自分はブレない」という信念を見る。

このときの心境を進次郎は後日、こう語っている。

「何を言ってもオヤジの敵と言われるので、あまり語らないようにして、態度で示した」

態度で示した——信念に行動が伴う進次郎の、これが「信・行一致」という美学なのである。自民党の大島理森副総裁は採決のあと、反対・退席した四人について厳重注意処分とした。

進次郎の「美学・意地・信念」を物語るエピソードとして、いまも語られるのが、二〇一三年六月三十日に行われた横須賀市長選挙だ。現職で無所属の吉田雄人氏に、自民党は元副市長・広川聡美氏を擁して挑んだ。参院選の前哨戦と位置づけられ、自民党としてどうしても負けるわけにはいかなかったが、若い現職に対して、広川氏は還暦を過ぎている。しかも選挙は現職が強いうえ、知名度においても広川氏には不安があった。当時、自民党幹事長だった石破茂は懸念し、党本部からのテコ入れを何度も打診するが、選対本部長の進次郎は、

「ぼくの選挙区だから、ぼくがやります」

と固辞し、そのかわり市長選の選挙期間中の一週間は参院選の応援遊説は控えさせてくれ――と申し出た。それほどに進次郎は力を入れた。

進次郎にしても不安はあったはずだ。石破の力を借りたほうが選挙戦にプラスになるだけでなく、負けたときに〝言い訳〟もできる。「ぼくがやります」ということは、「選挙結果の責任はすべて、ぼくにあります」という宣言なのだ。しかも、若い現職を向こうにまわして劣勢はいなめない。だが、進次郎には、横須賀は自分の〝庭場〟だという自負がある。党本部の力を借りずとも必ず当選させてみせる――そう決意したのだった。

選挙は負けた。

「自分の選挙以上に全力を尽くしましたが、力およばず勝利をつかむことができなかったのは、わたしの力不足以外ありません。広川さんに、奥様に、本当に申し訳ない」

そう言って進次郎は、支持者に頭を下げた。

この時、進次郎は涙ぐんで、

「政治は厳しい道ですね。仲間がつく、離れる。離れたらまたつく。昨日の敵は今日の友、今日の友は明日の敵。こんな経験をするのも政治の道なんですね」

と語ったとされる。

何があったのかわからない。市長選は国政選挙と違って人間関係が濃密に関わってくるため、権謀術数渦巻く選挙の現場で、裏切りなども経験したのだろう。だが、石破は、おのれの信念を貫いて敗れた進次郎を高く評価したと伝えられる。これで進次郎は政治家として一回り大きくなる――そう感じたことだろう。

父・純一郎が政界から引退表明をしたのは、二〇〇八年九月二十五日。後継者に当時、二十七歳だった進次郎を指名し、

「自分は親バカと言われても仕方ない。進次郎は私が二十七歳のときよりもしっかりしている。自分は変人ではない。子どもがかわいい普通の親だ。親バカぶりをどうかご容赦いただきたい」

純一郎は、そんな愛情のこもった挨拶をした。

そして翌年八月、進次郎は神奈川十一区から初出馬するが、純一郎は進次郎の選挙

応援をしていない。進次郎が断ったからだ。父親を恃《たの》みとせず——進次郎の矜持であり美学であったのだろう。当時、世襲が批判されており、純一郎が応援演説すれば〝火に油〟という懸念はあった。だが、陰にまわっての応援なら問題はない。頼んでまわれば相当の票になるにもかかわらず、進次郎はそれさえも断ったのだった。世襲批判に加え、支持率が落ち込んだ自民党にとって大逆風の選挙だった。

「なぜ、そんな自民党から出馬するのか」

と問われて進次郎はこう答えている。

「そのときの政党に対する支持率が高い低いで自分がどこにいるかを決めたら、政治家としての信念はなくなる」

進次郎の「美学」である。

先手33

堂々の覚悟で正論を吐く。小径《こみち》に依《よ》らず、大道を歩く。

正論は、正論ゆえに口にしづらい。

人間関係は感情を基本とするため、いくら主張が正しくても、融通のきかない人間として嫌われるからだ。

規則は規則としながら、

「ま、いいでしょう」

と大目に見る人間は〝太っ腹〟と呼ばれ、人から好かれる。これが「和をもって尊し」とする日本社会の特徴でもある。

だが、「和を重んじる」と「馴れ合う」は似て非なるものだ。まして、「政治家の武器は言葉」であるとする進次郎は、相手が誰であれ、堂々と正論を述べる。そのことによって嫌われようとも、人間関係に軋轢が生じようとも、正論は正論であるとして臆するところがない。わが身を振り返ればわかるように、組織に属する者にとって、これは相当の腹のくくりと覚悟がなければできることではない。

進次郎の毅然たる態度を見せつけたのが二〇一三年、参院比例区の「七十歳定年制」をめぐる裁断だ。六月二十七日、七十一歳のS議員を〝例外規定〟として参議院比例区の公認をするべきかどうか、自民党総務会で論議されたときのことだ。選挙対策本部役員の進次郎は「七十歳の定年制を守るべきだ」と反対したが、公認することになった。そして四日後の三十一日、公認の決済を求められた進次郎は署名を拒否し、「若い声をより多く国会に届けるべきだ」として今回ばかりはサインをしなかった。

結果、S議員は落選する。

進次郎の主張は正論であり、署名拒否はその実践である。責められることは何一つない。だが、〝馴れ合い〟を「和」と勘違いする日本社会では、「そこまでしなくても」「杓子定規だ」と顔をしかめる者も少なくない。

「ちょっとばかり人気があるからといって、いい気になっているんじゃないか」という批判の声も陰で起こるだろう。進次郎も当然、それを承知していたからこそ、

「反発はわかっていた」という言葉が出るのだ。

あるいは、自民党農林部会長に就任したときのこと。異例の抜擢ではあったが、農林族はTPP合意反対の急先鋒とあって、進次郎起用について大きく二つが憶測された。一つは、進次郎の人気と手腕で、TPP参入の道筋をつけようとした、というもの。もう一つは、何かと官邸に批判的な進次郎を、農林族の火中に放り込むことで潰しをかけた、というものだ。

いずれにせよ、農林部会長は厄介な役職で、進次郎の言動が注目された。

進次郎は、辞を低くして農林族のベテラン議員に接し、携帯番号を教えるなど少しずつ籠絡する一方、改革を見据えた正論を吐くことで、存在感を見せつける。

二〇一六年七月の参議院議員選挙のさなか、農協との意見交換で、進次郎はこう語るのだ。

《農協から資材を買おうとすると値段が書いていない。農協の人間が聞いたら怒られるかもしれないけど、スーパー行って、値段のないものを買いますか。農業の常識は他の世界の非常識です》

《こういうことを国で言ったら矢が飛んで来るばかり。でも、僕は当たり前が通じる世界に変えたい》（『週刊文春』２０１６年7月21日号／常井健一）

農家は自民党を支える大票田。農協幹部を前にこんな正論を口にできるのは進次郎くらいのものだろう。

上司の依頼にだって堂々とノーを言う。二〇一〇年の夏だから、進次郎が初当選してちょうど一年目。議員としてヒヨコにもならないときのことだ。自民党の河村建夫選挙対策委員長が参議院議員選挙の応援演説のため、「沖縄に行ってくれないか」と進次郎に依頼した。依頼とはいっても、これは指示である。

ところが、

「沖縄には行きません」

進次郎はそう言ったのだ。

普天間基地移設について、当時、政権与党だった鳩山由紀夫総理が「最低でも県外」と発言したが、これが暗礁に乗り上げ、鳩山総理が辞任に追い込まれるなど移設問題は深刻化していた。沖縄に遊説に入るとなれば、移設問題について語らなければならないが、県民感情はもちろん、日米関係など微妙な問題が絡み、今後どうなるか不明な現時点では、言質となるような発言はできない。

進次郎は、それを危惧したのだ。

すると河村は、

「こういうふうに言えばいいから」

と言って演説の台本を渡した。

自民党も当然、沖縄でどう発言するべきか策を練っているし、状況に応じて主張を修正するのは政治の常である。だから、今回はこういう話をすればよい――と河村は言っているのだが、進次郎は聞き入れなかった。

「自分の信念と違うことを言うと、『あの時の小泉はこう言っていた』と必ず後で叩かれます。かといって、自分の考えを言ってしまうと、候補者にプラスになりませんん」

正論ではあるが、議員になって一年にしかならない若造が上司に向かって言えることではあるまい。

沖縄遊説だけではない。島根県も、長野県も断っている。島根県では青木幹雄前参議院議員会長の長男、長野県では若林正俊元農林大臣の長男がそれぞれ立候補していた。つまり世襲である。

進次郎は、河村にこう言っている。

「いま、ようやく二世議員、世襲議員の問題がおさまったのに、わたしが行ったらまた騒ぎが起きます。候補者のためになりません」

言われてみれば、河村にしてみても、もっともなことだったろう。

二〇一二年暮れの総選挙で、ＪＲ富山駅前に立った進次郎は語った。

「野党の期間、失った信頼を取り戻すために必死にもがいてきた。まだ十分ではないかもしれないが、これからの政治にマジックはない。何か一つのことをやれば霧がパーっと晴れたり、誰か一人を立てれば全てがうまくいくなんてこともない」

自民党に一票を――とアピールする遊説で、進次郎は「政治にマジックはない」と言い切る。正論を吐くには、ここまでの度胸と信念を必要とし、だから進次郎は評価されるのだ。

先手34

大勢に互して一歩も退かず。妥協は、心の弱き者の逃げ口上。

自分の立場が弱かろうと、少数派であろうと、進次郎は言うべきことを言う。感心する人間もいれば、反感をおぼえる人間もいるだろうが、感心も反感も、相手が心を動かすということにおいて、それは「存在感」になるのだ。

二〇一〇年七月に行われた参議院選挙で、進次郎はインターネットにアップされた自民党のCMに出演したことは、既に紹介した。このときのセリフは進次郎自身が考え、作成したものであることも書いたが、当初、自民党はシナリオを用意していて、これを進次郎が拒否したのだ。

進次郎は、こう語っている。

「自民党が言いたいことを小泉進次郎が言うんだったら、ぼくがCMをやる必要がない。小泉進次郎が言いたいことを自民党がCMとして流してくれるんだったら、やらせてください」

だからセリフは自分で作らせて欲しい——そう言ったというのである。当時、広報本部長で、ＣＭ出演を依頼してきた小池百合子に、進次郎は臆することなく切り出し、小池もこれを了承した。

進次郎は初当選からまだ一年足らず。並の議員であれば、党からＣＭのオファーが来るだけで舞い上がるところだろうが、進次郎は思うところを率直に告げた。断られれば、せっかくのチャンスを失ってしまう。生意気な新人として、「次」の出演依頼はないだろう。リスクを承知し、立場が弱いことを承知してなお、進次郎は言うべきことを言ったのである。

このセリフが、

「ほどほどの努力ではほどほどの幸せもつかめない。一生懸命頑張って、一生懸命働いて、豊かで、一番の国をつくりましょう。政治家頼みでは今までと何も変わらない。みなさん、いま、必要なのはみなさんの参加です。みなさんの力です。自民党」

というもので、先に紹介したとおりだ。

少数派として進次郎が一貫して取り組み、民主党と自民党とを問わず、批判の声を上げてきたのは「社会保障改革」である。

たとえば、高齢者（七十〜七十四歳）の医療費自己負担。二〇一六年四月から二割負担になったが、これは二〇〇八年度からの実施が決定していたものを、特例措置によって先延ばしにしてきたものだ。自公政権も、のちの民主党政権も選挙を恐れたのである。

だが、特例措置で先送りすることによって、毎年二〇〇〇億円が国の予算に計上されてきた。進次郎氏はこれを追及し続ける。

「この特例を外すという行為に、新たな法律は要りません。補正予算に突っ込んでいる二〇〇〇億円を突っ込まない、その決断さえあればすぐできるんです。こういった一つ一つのことをやることで、政治勢力としては数が少ない若い世代が、声は小さいけれど、ちゃんと将来のことを考えてくれているんだなというように、政治不信の払拭にもつながっていくんじゃないですか」（二〇一二年十一月七日　衆院内閣委員会）

政権与党だった民主党に迫り、自民党が政権を奪還すると、今度は自民党に対して、

「七十～七十四歳の医療費自己負担を二割に引き上げるべきだ」

と迫っていく。

この発言は二〇一三年一月に開かれた自民党厚労部会でのものだが、夏に参議院選挙を控えて自己負担額を引き上げるなど、自民党にしてみればありえない話。「こいつ、何を考えているんだ」――と、冷ややかな目で進次郎を見るのは当然だが、進次郎はむろん、すべてを承知での発言で、

「結果的に私は少数派でしたからね。でも、言うべきことは言わなきゃいけません」

と記者団に語っている。

この翌月、二月十二日の衆院予算委員会で質問に立った進次郎は、田村憲久厚労相にこの問題をぶつけるのだが、国民が進次郎に信頼を寄せる一因は、次の言葉に凝縮されている。

「私はこの問題、野党のときから本来どおりに戻すべきだと訴えてまいりまして、与党になっても同じことを伝えなきゃ意味がありませんので、改めて大臣に、この問題についてやらせていただきます」

野党の立場だから追及し、与党になったら頬っかむり——という変わり身の早い政治家が多いなかで、進次郎のブレない姿勢は特筆に値するだろう。

田村厚労相はこれに答えて、「委員のおっしゃられるとおり、これは二割（負担の）原則に早く戻すべきだ。必ず戻しますから、早くそのような形に戻すべく努力してまいりたいと思います」

と発言すると、進次郎は、

「必ず戻すという答弁でしたので、必ず戻していただきたいと思います。私も、いままでいろいろな質問を野党時代にやりましたけれども、必ずというのは、政治の世界では必ずしも必ずじゃないというのを経験していますので、ぜひ自民党はそうじゃないようにお願いしたいと思います」

と、皮肉を交えてクギを刺す。

少数派だから、自分の立場か弱いからという理由で口をつむぐことはない。「小」が「大」に向かって堂々と噛みつく姿勢に人々は共感するのだ。

先手35
筋にこだわり、言行の一致で信望。鯉は逆境を遡上《そじょう》して龍に成る。

その人間が信用できるかどうかは、約束が守れるかどうかでわかる。

人間の心は移ろいやすく、その時々の利害や損得で動くため、「裏切る」という積極的な意志がなくても、結果として約束を違えることになったりする。そして、約束を違えることに到った理由はゴマンとある。

だから、「俺は悪くない」と自己正当化する。

だが、いかなる理由があろうとも、約束を違える人間は信用できない。理由の如何にかかわらず、約束を守る人間であるからこそ、信用に足りるのだ。約束を守ることを「筋を通す」と言う。頭のてっぺんから足のつま先まで一本の真っ直ぐな筋が通っているということから、

「一度、口にした約束は必ず守る」

「信義を貫く」

という意味になる。

進次郎は、徹底して筋が通っている。言いたいことを堂々と主張し、批判もすれば誉めもする。信念ある言動は往々にして周囲と摩擦を生み、足を引っ張られたり、上から叩かれたりするものだが、進次郎はそうはならない。相手が誰であっても是々非々の態度を貫くという「筋の通った処し方」を周囲が認め、評価し、それが信用に昇華しているからだ。

こんな例がある。

二〇一二年の自民党総裁戦でのことだ。進次郎は石破茂に投票した。石破なら新しい自民党をつくってくれる――そう期待してのことだった。総裁選には石原伸晃も立候補した。石原家は遠縁の親戚でもあることから、伸晃は応援を要請するが、進次郎はきっぱりこれを断ったとされる。

理由は、「伸晃の行動は筋が通らない」ということだった。伸晃は、当時、自民党総裁だった谷垣禎一を支える立場にありながら、総裁選に名乗りをあげた。それが許せなかったとも言われる。

是々非々を信条とする進次郎は、安倍総理に対しても容赦しない。二〇一四年三月十一日、宮城県女川町で、東日本大震災の追悼式が行われたときのことだ。安倍総理は「被災地の復興は進んでいる」と挨拶したが、進次郎はこれに噛みついて、

「私は進んだなんて言えない」

と真っ向から否定してみせた。

安倍総理にしてみれば不愉快であったろうが、進次郎にしてみれば、こうした政治的発言は筋が通らないということになるのだろう。価値観の違いは認めても、筋が通らないことにには猛然と反発してみせるのだ。

さらに、安倍総理との関係でいえば、こんなこともあった。アベノミクスを成功させるため、中小企業に賃上げを要請し、大きなニュースになったが、進次郎はこう言って猛批判したと『アサヒ芸能』が報じた。

《オバマ大統領がフェイスブックのザッカーバーグ（ＣＥＯ）に、従業員の賃金を上げろと言うなんて、ありえませんよ。〝ふざけるな〟で終わってしまう。ところが日

本ではそうなる。本来、民間企業の賃金は、その企業の経営者が全社的な判断で決めるべきものなのに、国が上げろと要求すると実際に上がる》（２０１５年10月15日号）

総理に対して『ふざけるな』とまで言って批判したことで、会場はどよめいたと書いている。

周囲の目には、進次郎が意識して安倍総理に楯突いているように見えるが、これについて、父・純一郎と慶応大学の同窓である政治評論家の浅川博忠氏が、こんなことを語っている。

《関係の悪化は、小泉純一郎元総理の時まで遡ります。元総理が命がけで実現させた「郵政民営化」で除名した議員を、安倍総理が復党させました。仁義を通さなかったことに元総理は憤慨し、その軋轢が引き継がれているのです》（『アサヒ芸能』２０１５年10月15日号）

郵政民営化に対して異論があるなら、それは政治理念に関わることなので違っていて構わない。だが、除名議員を復党させることについて、当の純一郎に一言の相談も挨拶もないというのは筋が違うのではないか。まして安倍総理は、純一郎を「政治の師」と公言していた。進次郎にしてみれば、相手が誰であれ、こういうやりかたは許せないのだろう。

筋を通すと言えば、二〇一四年二月、舛添要一が東京都知事に立候補するに際して、自民党が支援を約束したことに対して、進次郎は強烈に批判した。自民党が大敗して下野した翌二〇〇九年四月、舛添は自民党を離党する。このことを進次郎は引き合いに出して、

「一番苦しい時に『自民党の歴史的使命は終わった』と言って出て行った人だ。応援する大義はない」

と切って捨てた。

作家の伊集院静氏が、『週刊現代』の連載エッセイ「それがどうした」で、進次郎についてこう書いている。

《舛添要一が都知事選に出るとなった時、自民党が応援すると取付けの折、小泉進次郎は、あの人は自民党が一番苦しい時に自民党を捨て、自民党は終わったと発言した人だ。それを応援はできない、と断じた。本当のことを言ったのである。舛添知事は

知らぬでもないが、青年の発言はしごくまともで正しかったと私は思っている。青年は先日、福島の原発は廃炉にすべきだと言った。これも正しい。もしかすると素晴らしい政治家になるやもしれない》（2014年4月5日号）

筋にこだわり、筋を守り抜く男は、こうして信用と信頼を得ていくのだ。

参考文献

『小泉進次郎という男』／宝島社
『小泉進次郎の闘う言葉』常井健一／文春新書
『小泉進次郎の話す力』佐藤綾子／幻冬舎
『小泉純一郎・進次郎秘録』大下英治／イースト新書
『総理への宿命 小泉進次郎』大下英治／徳間書店
『アサヒ芸能』２０１０年５月27日号、２０１５年10月15日号
『女性自身』２００４年６月29日号、２０１３年８月６日号、２０１５年５月19日号
『週刊現代』２０１０年６月26日号、２０１３年２月16日号、２０１３年４月13日号、２０１４年４月５日号、２０１４年６月７日号、２０１４年12月27日号、２０１６年８月13日号
『週刊新潮』２００９年５月28日号、２０１５年10月15日号
『週刊ダイヤモンド』２０１３年８月24日号
『週刊文春』２０１２年４月26日号、２０１３年８月８日号、２０１４年12月18日号、２０１６年７月21日号
『東洋経済』２０１６年３月19日号
『フライデー』２０１４年５月２日号
『プレジデント』２０１３年４月15日号、２０１４年６月16日号、２０１５年５月４日号
『文藝春秋』２０１０年10月号、２０１０年12月号、２０１６年８月号

向谷匡史《むかいだにただし》

1950年、広島県呉市出身。拓殖大学を卒業後、週刊誌記者などを経て作家に。浄土真宗本願寺派僧侶。日本空手道「昇空館」館長。保護司。

主な著作に『田中角栄「情」の会話術』（双葉社）、『田中角栄 絶対に結果を出す「超」時間管理術』（三栄書房）、『花と銃弾 安藤組幹部西原健吾がいた』（青志社）、『ヤクザ式最後に勝つ「危機回避術」』（光文社）、『子どもの「なぜ」の答え方』（左右社）など多数ある。

［向谷匡史ホームページ］http://www.mukaidani.jp

ブックデザイン：塚田男女雄（ツカダデザイン）

小泉進次郎「先手を取る」極意

発行日　2016年12月17日　第1刷発行
2017年1月1日　第2刷発行

著　者　向谷匡史
編集人
発行人　阿蘇品蔵
発行所　株式会社青志社
〒107-0052 東京都港区赤坂6-2-14 レオ赤坂ビル4F
（編集・営業）Tel：03-5574-8511　Fax：03-5574-8512
http://www.seishisha.co.jp/

印　刷　株式会社ダイトー
製　本　東京美術紙工協業組合

ISBN 978-4-86590-036-1 C0095